idées reçues

Les Adolescents

Michel Fize

idées
reçues

Les Adolescents

Michel Fize

Économie & Société

Le Cavalier Bleu
EDITIONS

Michel Fize

Sociologue au CNRS-Centre d'Ethnologie française (Paris), Michel Fize est spécialiste des questions de l'adolescence, de la jeunesse et de la famille. Il a publié huit ouvrages sur ces sujets, pour lesquels il intervient régulièrement dans les médias.

Du même auteur
(bibliographie non exhaustive)

– *Les Bandes, l'entre-soi adolescent,* Desclée de Brouwer, 1993.
– *Le Peuple adolescent,* Julliard, 1994.
– *Adolescence en crise ? Vers le droit à la reconnaissance sociale,* Hachette Éducation, 1998 (traduit au Mexique en 2001).
– *Le Deuxième Homme,* Presses de la Renaissance, 2002.

La collection « Idées Reçues »

Les idées reçues sont tenaces. Nées du bon sens populaire ou de l'air du temps, elles figent en phrases caricaturales des opinions convenues. Sans dire leur origine, elles se répandent partout pour diffuser un « prêt-à-penser » collectif auquel il est difficile d'échapper...

Il ne s'agit pas ici d'établir un *Dictionnaire des idées reçues* contemporain, ni de s'insurger systématiquement contre les clichés et les « on-dit ». En les prenant pour point de départ, cette collection cherche à comprendre leur raison d'être, à déceler la part de vérité souvent cachée derrière leur formulation dogmatique, à les tenir à distance respectable pour offrir sur chacun des sujets traités une analyse nuancée des connaissances actuelles.

Vous souhaitez aller plus loin ? **www.ideesrecues.net**

Adolescent, te [adɔlesɑ̃, ɑ̃t] **n.** – du latin *adolescens* (« qui est en train de grandir »), le terme apparaît en français au XIVe siècle. À Rome déjà, il est fréquemment confondu avec d'autres qui lui ressemblent, tels que « jeune homme » ou « jeunes gens ». L'adolescent romain, qui est âgé de 17 à 30 ans, correspond d'ailleurs plus au jeune adulte qu'à notre adolescent moderne. Cette confusion reste de mise durant tout l'Ancien Régime, où le mot « adolescent » est moins utilisé que celui d'« enfant » ou de « jeune ». Comme à Rome, il ne désigne que les garçons et, sous la plume de Marot, Villon ou La Bruyère, il est utilisé dans un sens péjoratif. L'adolescent n'est qu'un « morveux puceau », un « novice un peu niais ».

L'adolescence correspond à l'origine à la période qui sépare l'enfance de la jeunesse (environ de 12 à 20 ans). Cette définition peut être considérée comme réductrice car elle assimile l'adolescence à la « crise pubertaire ». Une définition plus large, surgie à la fin du XIXe siècle avec le développement d'un enseignement secondaire, fait de l'adolescence une véritable « classe d'âge », creuset d'une culture spécifique. L'approche historico-sociologique met ainsi en avant moins « un âge de transition » qu'un état social et culturel, moins le « singulier » adolescent que le « pluriel » générationnel. Les bornes identificatoires ne sont alors plus pubertaires mais culturelles et sociales. Compte tenu des progrès et du rajeunissement de la culture adolescente, du développement de la scolarité obligatoire et d'un accès plus large aux études supérieures, on peut ainsi considérer que l'adolescence démarre avec l'entrée dans cette culture, soit vers 10 ans environ, et s'achève avec les années lycée.

L'adolescent et la société

Conclusion

Annexes

Introduction

On ne présente plus les adolescents. C'est un tort. Ces garçons et filles qu'on nomme de la sorte changent en permanence parce que le monde évolue constamment ; les adolescents d'aujourd'hui ne ressemblent donc plus guère à ceux d'hier (hormis, naturellement, la puberté qui demeure, elle, soumise à d'immuables mécanismes biologiques).

Tout d'abord, combien sont-ils ? Leur nombre varie selon la tranche d'âge retenue. Si nous considérons celle des 12-20 ans, nous obtenons le chiffre de 7 millions, soit 12,5 % de la population. Cet âge, qui est social autant que biologique, est plus incertain qu'il n'y paraît ; nous devons donc revisiter ce monde, étrange par bien des côtés. C'est à une opération de décryptage que nous convions ici le lecteur.

Disposant de leur propre langage, de leur propre réalité culturelle, de codes vestimentaires précis, les adolescents actuels sont pourtant difficiles à cerner. On se pose beaucoup de questions à leur sujet. Qui fréquentent-ils ? Ont-ils déjà fait l'amour ? Se soûlent-ils, fument-ils des joints, se défoncent-ils dans les *rave parties* ? Sont-ils violents ? En quoi croient-ils encore, dans une société qui ne croit plus en rien ? Aiment-ils l'argent et qu'en font-ils ? À défaut d'avoir des réponses à toutes ces questions, nous avons souvent des idées reçues.

L'adolescence renvoie, de fait, à des lectures multiples, concurrentes, contradictoires quelquefois. C'est en se basant sur les nombreuses données disponibles que nous allons pouvoir nous en approcher au mieux. Histoire, psychologie, anthropologie, médecine, sociologie… toutes ces disciplines ont à voir avec l'adolescence. Aucune, cependant, ne saurait à elle seule dire toute la vérité sur cet âge complexe de la vie. Comme l'indique le professeur Jeammet : « Chacune se situe au contraire en contrepoint et non en opposition avec les autres. »

De fait, nous sommes avec l'adolescence moins dans le domaine d'une réalité insaisissable, que dans le champ plus confus des représentations : idéalisation pour les uns, réprobation pour les autres. Après tout, l'adolescence n'est-elle pas le miroir de ce que nous ne sommes plus, le territoire de notre nostalgie ?

La peur et la fragilité dominent ces représentations. La société regarde donc l'adolescence à travers ses difficultés et ses souffrances, son insouciance et son inconscience. D'où sa « médicalisation » à outrance.

On dit toutes sortes de choses sur les adolescents : qu'ils sont bien dans leur peau mais mal dans leur vie (ou l'inverse), bien dans leur famille mais pas très heureux à l'école (ou parfois le contraire). Eux-mêmes disent des choses sur eux, les mêmes souvent ou quelques autres : qu'ils sont bien avec leurs pairs, ont confiance en l'avenir, etc.

Quoi qu'on dise à leur sujet, on les présente volontiers – surtout les plus jeunes, surtout les médias – comme « des délinquants, des oisifs ». Ne les dit-on pas cyniques, violents, superficiels ? Ne leur reproche-t-on pas de ne songer qu'à s'amuser, sortir, écouter de la musique ? Donc, on est inquiet pour eux ou à cause d'eux. On leur intime l'ordre de ne plus boire, de ne plus fumer, de porter le préservatif, avec tant de maladresse, que c'en est une incitation à passer outre.

Depuis de nombreuses années, des dizaines d'ouvrages dissèquent ainsi patiemment les conduites des adolescents, les dangers auxquels ils sont exposés et parfois confrontés. On ne compte plus à cet égard ceux écrits par les psychanalystes, psychiatres, pédiatres, psychothérapeutes nous expliquant combien l'adolescent est fragile, cet âge propice aux « problèmes », et pourquoi, par conséquent, les parents, les enseignants, les institutions doivent être vigilants et attentifs à ces conduites et ces dangers. De telles représentations sont d'autant plus puissantes que les adolescents eux-mêmes intériorisent « sans se faire prier » le mauvais discours que l'on tient sur eux. On les dit en « crise » ? Qu'à cela ne tienne, ils le montreront le moment venu : violents ils le seront, immatures, à l'occasion.

Bref, les adolescents, les « ados » comme disent les médias, sont mis à toutes les (mauvaises) sauces. « Ados » : ce raccourci n'est-il pas au demeurant une bien vilaine manière de signifier à ces êtres « renaissants » leur insuffisance (autant dire leur inexpérience) de vie ? Mais de quel droit les appelons-nous « nos » ados ? Cet adjectif possessif n'est-il pas pour nous, les adultes, une façon de marquer la possession de cet âge qui pourrait nous échapper ?

Il s'agit ici moins de rendre « grâce » aux adolescents (le projet ne serait, en effet, pas très scientifique) que de leur rendre « justice ». Ni référence, ni déférence, tel sera le propos. Les adolescents ne sont pas meilleurs que les adultes ; ils peuvent être pires... comme eux.

"

L'ADOLESCENT FACE À LUI-MÊME

« L'adolescence, c'est la puberté. »

Je continue à l'appeler enfance, faute de terme propre à l'exprimer car cet âge approche l'adolescence, sans être encore celui de la puberté.

Rousseau, *Émile ou De l'Éducation*, 1762

L'adolescence, selon une idée couramment admise, aurait toujours existé. D'abord parce que le mot est très ancien. On le trouve, effectivement, dès l'Antiquité, chez nombre d'auteurs grecs et latins. Chez Platon dans les dialogues socratiques, *Le Banquet, La République*, chez Ovide dans *L'Art d'aimer*, chez Plaute dans *Les Captifs*, chez Cicéron dans *Les Tusculanes* ou *De senectute*… Ce n'est cependant que dans la seconde moitié du XIXe siècle que l'adolescent (le mot et la « chose ») s'impose. On va aussi en noircir le sens. Désormais, on se méfie de cette mutation qui rend l'individu dangereux pour lui-même et pour les autres. Médecins, juristes, magistrats font de cette métamorphose la source de tous les périls. La sexualité parvenue à maturité inquiète les uns et les autres.

L'adolescence aurait ensuite toujours existé au motif que la puberté – ce qui est vrai – est de tout temps et de tous lieux. Adolescence égalerait donc puberté, l'affaire est entendue. C'est, en tout cas, la définition la plus usuelle. Héritée de la médecine et de la biologie, cette définition s'attache aux modifications corporelles (on parle alors de puberté physique), mais aussi – avec l'apport de la psychologie – aux mécanismes de maturation psychique et affective (on parle dans ce cas de puberté mentale). Nouveau corps, nouvel esprit, c'est la « seconde naissance » chère à Rousseau.

La confusion adolescence-puberté, nous la retrouvons chez Freud, qui, rappelons-le, s'est peu intéressé à cet âge de la vie, ne l'abordant véritablement que dans le troisième de ses *Trois essais sur la théorie de la sexualité* (1905) où il nous livre quelques considérations sur « les métamorphoses de la puberté ».

Cette confusion n'a pas disparu avec le temps, elle reste de mise chez la plupart, sinon la totalité, des psy (-chologues, -chanalystes, -chiatres, -chothérapeutes). Pour ces spécialistes, l'adolescence équivaudrait au « tout pubertaire », dans ses dimensions physiologiques et psychiques... avec, cependant, des divergences quant à savoir si les transformations corporelles précèdent ou non les mutations psychiques (les psychanalystes pencheraient plutôt pour l'affirmative).

Cette définition de l'adolescence est pourtant « incomplète », voire « inexacte ». Ce que disait Heidegger de l'homme vaut ici pour l'adolescent : « C'est un être si vaste, si polymorphe et si divers qu'il échappe toujours par un aspect à toute définition. Ses côtés sont trop nombreux. » (*Kant et le problème de la métaphysique*, 1929). L'adolescence, ce n'est pas (pas seulement en tout cas) ce processus vital qu'on nomme puberté (avec ses deux versants, biologique et psychique), c'est aussi un état social et culturel, caractérisé par un nouveau rapport au monde et aux autres, de nouveaux modes de vie entre pairs.

L'adolescence est bien, selon le juste mot de Marcel Mauss « un fait social total ». La relation dialectique entre développement individuel et développement social, déjà mise en évidence par Erik Erikson, rend nécessaire, pour la compréhension du phénomène, le concours de toutes les disciplines :

histoire, psychologie, ethnologie, sociologie. On ne saurait, au risque de la méprise, se dispenser de leurs contributions.

L'adolescence est aussi un fait submergé par les préjugés. Un fait complexe assurément. Avec elle, nous sommes au carrefour du social et de l'individuel, de la nature et de la culture, du physiologique et du symbolique. Autant dire qu'aucune définition ne suffit à elle seule à rendre compte de cette complexité. Nul spécialiste ne saurait par conséquent prétendre détenir le monopole de la connaissance du cœur et de l'esprit adolescents. L'adolescence, c'est en effet du pluriel autant que du singulier et, nous le verrons bientôt, autant des aspirations que des préoccupations.

L'adolescence n'est donc pas un état naturel de l'existence, c'est une construction sociale. C'est elle le vrai nouvel âge de la vie, non pas la jeunesse. Sous l'Ancien Régime, cette jeunesse par quoi il faut entendre, selon les historiens, les 18-25 ans, était organisée très officiellement, sous différentes formes : confréries, « abbayes de jeunesse », « bachelleries », notamment. En revanche, point d'adolescents en ce temps-là. Philippe Ariès l'a montré (*L'Enfant et la vie familiale sous l'Ancien Régime*, 1960), les enfants étaient absorbés trop tôt dans le monde du travail pour connaître cet « entre-deux-âges » ; ils devenaient adultes sans transition. Des adultes précoces en somme. Bref, l'intermède adolescent n'avait pas de raison d'être. Il en est d'ailleurs encore ainsi dans les sociétés traditionnelles où l'enfant, parfois dès avant la puberté, rejoint les bataillons des travailleurs adultes.

L'adolescence est bien le produit de conditions et de circonstances sociales déterminées. C'est de l'extrême fin du XIXe siècle, avec le développement de l'enseignement secondaire, que l'on peut dater la naissance d'un âge adolescent. En « enfermant » ses fils au collège pour, à la fois mieux les contrôler et les tenir à distance de son propre pouvoir politique et économique, la bourgeoisie invente du même coup un vrai « nouvel âge de la vie ». Désormais réunis par âges et par uniformes, ces garçons (qui ne seront rejoints par les filles que beaucoup plus tard) se créent des solidarités, se forgent une première conscience de génération. Ce qui ne manque pas d'inquiéter cette même bourgeoisie, laquelle s'empresse de confier à la psychologie le soin d'organiser la pédagogie et aux mouvements de jeunesse d'encadrer ces adolescents turbulents qui pourraient être tentés par une vie désordonnée ou aventureuse.

Il faut attendre les années soixante et la massification scolaire pour que cette adolescence – qui n'était réservée qu'à quelques-uns (les jeunes bourgeois) – devienne une adolescence pour tous : garçons et filles (avec le développement conjoint de la mixité scolaire). L'émergence, puis la propagation d'une culture spécifique à cet âge (d'inspiration américaine), vont conforter le sentiment d'appartenance à cette « nouvelle classe d'âge » qu'évoque Edgar Morin dans ses analyses. Le *rock'n roll*, le cinéma américain, celui de James Dean et Marlon Brando, le yé-yé et les « blousons noirs » en France rythment alors ce nouveau monde.

Un demi-siècle a passé. Les adolescents, toujours plus nombreux, sont plus que jamais dans leur monde, lui-même plus riche et diversifié. Ils forment aujourd'hui un groupe social avec ses valeurs, ses usages partagés.

« L'adolescence commence de plus en plus tôt et finit de plus en plus tard. »

Vous avez beau dire,
un garçon est encore un enfant
jusqu'à douze ans et même quatorze ans.

Tolstoï, *Enfance. Adolescence. Jeunesse*, 1852

Il est d'usage de dire que puisque la puberté est de plus en plus précoce, l'adolescence commence de plus en plus tôt. Il y a du vrai et du faux dans cette affirmation.

Selon la plupart des spécialistes, la puberté se produirait plus tôt : trois à cinq ans auraient été « gagnés » en un siècle. Pour soutenir pareil point de vue, les auteurs se réfèrent à certains travaux menés à la fin du XIXe siècle, plus précisément à une enquête norvégienne, établissant la puberté féminine à 17 ans. Soulignons, dès à présent, que ce résultat est douteux, qu'il était déjà contesté à l'époque, à la fois par des études américaines et françaises (celles de Brierre de Boismont et d'Aran par exemple) qui concluaient, les unes et les autres, à une puberté comprise entre 14 et 15 ans. Au vu de cette précocité pubertaire supposée, certains auteurs (par exemple Guy Avanzini, *Le Temps de l'adolescence*, 1965) ont pu affirmer que cet événement tendrait à avancer d'environ cinq mois tous les dix ans. Une meilleure alimentation, de meilleures conditions générales de vie expliqueraient ces « progrès ».

Cette avance de puberté est, en réalité, très contestable, ou du moins exagérée. Buffon, suivi par Rousseau, a été l'un des premiers à montrer que l'âge de la puberté variait, en fait, selon les peuples, les climats, les milieux sociaux… ainsi que selon l'alimentation. « Dans les villes, note-t-il, et chez les gens aisés, les enfants accoutumés à des nourritures succulentes et abondantes arrivent plus tôt à cet état ; à la campagne et dans le pauvre peuple, les enfants sont plus tardifs, parce qu'ils sont mal et trop peu nourris ; il leur faut deux à trois années de plus ; dans toutes les parties méridionales de l'Europe et dans les villes, la plupart des filles sont pubères à 12 ans et les garçons à 14 ; mais dans les provinces du Nord et dans les campagnes à peine les filles le sont-elles à 14 et les garçons à 16 (…) Dans les climats les plus chauds de l'Asie, de l'Afrique et de l'Amérique, termine-t-il, la puberté est de 10 voire de 9 ans pour les filles » (*Histoire naturelle*, 1749). Des travaux de médecine contemporains à ceux de Buffon, ou postérieurs, concluent pareillement. Ainsi E. Beaugrand, dans un ouvrage publié en 1865, place-t-il la puberté « vers l'âge de 12 à 13 ans chez les filles, vers 15 ans chez les garçons ».

Il semble donc que l'on puisse faire état d'une remarquable constance, à travers l'histoire, de l'âge moyen d'apparition des signes pubertaires. Rappelons que, tant dans la Grèce hellénistique qu'à Rome, cet âge s'établissait, chez les garçons, à 14 ans (qui est à peu près l'âge actuel). Quant à la jeune romaine, elle est une épouse dès 17 ans, qu'elle soit pubère ou non.

Ajoutons que l'entrée en puberté des filles est et reste plus précoce que celle des garçons (ce que signalait déjà Buffon). Aujourd'hui, on estime qu'une puberté « normale » commence à 13 ans chez le garçon, à 11 ans chez la fille et dure, en moyenne, deux à trois ans.

Peu nous importe après tout qu'il y ait ou non précocité pubertaire, puisque l'adolescence actuelle débute de toute façon *avant* l'apparition des caractères sexuels secondaires. Sur la base d'une étude longitudinale, conduite avec la psychosociologue Marie Cipriani-Crauste auprès d'un groupe d'élèves suivis pendant cinq ans (du CM2 à la classe de seconde), nous avons pu observer que l'adolescence actuelle commençait effectivement *avant* la puberté, que les 10 ans inauguraient bien ce deuxième âge de la vie.

Cette entrée en adolescence se fait par projection dans l'univers culturel des « grands pairs », résultat de la pression médiatico-commerciale. Cet univers valorisé est valorisant : c'est celui des marques, des libertés de sortie... D'où la revendication d'une adolescence qui fait s'échapper du monde étroit et peu glorieux de l'enfance. Dotés d'argent de poche, véritable droit non-écrit au sein des familles (80 % des 8-14 ans en reçoivent régulièrement), les jeunes adolescents, souvent avec la complicité des parents, peuvent accéder à cet autre univers.

Ainsi les signes précurseurs d'adolescence, contrairement à une idée reçue, ne sont-ils pas pubertaires mais culturels. Nouveau langage, nouveaux codes vestimentaires, nouveaux goûts (sportifs, musicaux, alimentaires...) forment l'armature des jeunes adolescents (10-12 ans environ) – expression préférable à celle de pré-adolescent, qui est sans valeur scientifique. Conséquence : un déplacement tous azimuts des frontières des âges de la vie. Si l'on est sûr d'être enfant de 0 à 7 ans, de 7 à 10 ans on entre déjà dans une période floue.

L'adolescence finit-elle plus tard ? Oui, si l'on assimile adolescence et jeunesse. La plupart des spécialistes ne distinguent d'ailleurs pas les deux âges ; les psychologues préfèrent cependant parler d'adolescence, les sociologues, de jeunesse, qu'ils définissent comme l'étape du cycle de vie où le sujet est encore dans toutes les dépendances : civique, résidentielle, économique.

Nous faisons ici l'hypothèse de la dissociation des deux âges. Nous devons alors nous demander où se situe la frontière. On peut considérer que la sortie d'adolescence coïncide avec la fin du lycée (correspondant elle-même, souvent, à la majorité civile). Avec l'entrée dans un nouveau monde (universitaire pour les uns, professionnel pour les autres), ce sont, en effet, de nouvelles relations qui se nouent avec les autres, c'est un regard différent qui est porté sur soi, bref, c'est un autre âge qui débute : celui de la jeunesse. Or, compte tenu de l'allongement des études, de l'importance du chômage et de la précarité, cet âge se prolonge considérablement, jusqu'à 25, 28, parfois 30 ans. Rappelons ici, pour être précis, que la cohabitation familiale concerne encore un jeune sur deux à 22 ans, un sur quatre à 24 ans et près de 20 % entre 25 et 29 ans (ils n'étaient que 13 % en 1982).

Comment alors établir la frontière entre jeunesse et âge adulte ? Selon la définition classique de « sortie de jeunesse », qui reste la définition sociologique pour la plupart des disciplines scientifiques, on abandonne cet état seulement quand on accède à la responsabilité sociale et à l'autonomie financière, par la mise en couple durable et le travail stable (jadis entre 20 et 25 ans). Ajoutons que pour certains auteurs, comme François Dubet, le véritable marqueur de l'âge adulte, c'est plutôt d'être parent à son tour.

Cette définition classique, quoi qu'il en soit, a perdu sa pertinence. D'une part, parce que les événements rituels d'hier sont de moins en moins chronologiques. Ce n'est plus obligatoirement : premier emploi, mariage, premier enfant (dans cet ordre). On ne quitte plus nécessairement sa famille d'origine pour en fonder une autre ou l'école pour entrer définitivement dans le monde du travail. D'autre part, parce que ces événements ne s'inscrivent plus dans la longue durée, comme jadis. Autant dire qu'il est nécessaire de retravailler cette définition.

Avec la prolongation de l'état de jeunesse et l'émergence d'âges intermédiaires (entre 25 et 30-35 ans), de nouvelles situations de vie surgissent, donnant naissance à des statuts de semi-liberté/semi-dépendance, où l'on est encore « jeune » par certains côtés (par cette culture précédemment évoquée, dont on peine du reste parfois à sortir), et « adulte » par d'autres côtés, parce que l'on a une certaine responsabilité professionnelle, voire familiale (on a quelques revenus et un conjoint, fût-il provisoire). Ces « statuts », quoi qu'on dise, ne sont pas toujours enviables. Être encore à la charge de ses parents à un âge de jeunesse « avancée » peut être inconfortable et dévalorisant. D'où le phénomène de colocation entre jeunes, pour partager les charges financières mais aussi parfois le poids de la solitude moderne. Une manière aussi de recréer une vie de famille sans rapports d'autorité.

En résumé, le passage dans le monde adulte se fait aujourd'hui de façon progressive, chaotique, ce qui, en dernière analyse, finit par remettre en question la notion même d'adulte.

« L'adolescence, c'est la crise, l'âge ingrat. »

Crise d'adolescence : en réalité le seul moment
où l'homme, ayant mesuré son destin,
est tenté d'aller jusqu'au bout de ses pensées.

Pierre Turgeon, *Faire sa mort comme faire l'amour*, 1969

La fâcheuse réputation de l'adolescence n'est plus à faire. L'adolescent serait un être de chair et de sang, chair et sang renouvelés à l'issue du processus pubertaire. Esprit changé selon ce même processus, qui fait parler de « mauvais esprit » aux interlocuteurs et observateurs d'adolescents. De là cette idée de « crise », colportée – sans aucune précaution – depuis plus de deux siècles.

La faute à Rousseau ! Souvenons-nous du fameux passage du livre IV de *L'Émile* (1762) : « Comme le mugissement de la mer précède de loin la tempête, cette orageuse évolution s'annonce par le murmure des passions naissantes : une fermentation sourde avertit de l'approche du danger. » Jean-Jacques Rousseau, par ces mots, introduit la grande tradition des romantiques, de Goethe, en particulier, mettant en scène les tourments amoureux et existentiels de la jeunesse dans *Les Souffrances du jeune Werther* (1774).

La médecine s'empare aussitôt de cette thèse du « moment critique » pour mieux l'accréditer. De 1780 à 1840 se multiplient les études sur les troubles causés par la puberté, avec énoncé des remèdes destinés à y mettre fin. Durant tout le XIXe siècle, l'adolescent est perçu comme un danger : pour lui-même, pour la société. On dit de lui les pires choses : qu'il a « le goût du viol et du sang », qu'il est un agitateur, prompt au désordre et aux violences politiques.

La psychologie « scientifique », qui se développe au siècle suivant, poursuit dans cette voie. Il est alors des mots savants pour dire la crise : « tempête » (Stanley Hall, 1904), « âge critique » (Mendousse, 1909), « originalité juvénile » (Debesse, 1936), « crise juvénile » (Pierre Male, 1962)... Il est aussi des mots populaires : « âge bête », « âge ingrat », pour n'en citer que deux !

Bref, à l'enfance perçue comme une période d'harmonie (malgré ses moments de crise reconnus), s'opposerait l'adolescence, période de mauvaise humeur, d'instabilité, période difficile à vivre. En d'autres termes, l'adolescence, toujours confondue avec la seule puberté, renverrait, « naturellement », à une identité négative, problématique, mettant en jeu un processus d'oppositions, de contradictions. La psychanalyse estimant même cette crise « nécessaire » (Anna Freud, Evelyne Kestemberg, Stéphane Clerget...) car jouant un rôle d'« organisateur » de la nouvelle personnalité.

Pourtant, la crise – quand elle existe – ne semble concerner qu'une partie (curieusement toujours mal définie) des adolescents. Les psychologues « scientifiques » de l'entre-deux-guerres l'avaient admis... même timidement, non sans gêne quelquefois : toute généralisation, à leurs yeux, ne pouvait être qu'abusive. Aujourd'hui, les psychiatres de l'adolescence considèrent, eux aussi, que la majorité des adolescents passent le cap de la puberté avec une relative tranquillité. Selon le professeur Philippe Jeammet, par exemple, 80 % d'entre eux se porteraient « plutôt bien », 20 % étant confrontés à une forme, plus ou moins aiguë de crise, qui, de surcroît, pourrait trouver son origine dans des troubles antérieurs appartenant à l'enfance. N'est-ce pas, de la sorte, atténuer déjà singulièrement l'idée d'une pathologie inhérente à l'adolescence ?

Ensuite, il faut dire que la plupart des spécialistes actuels paraissent avoir abandonné la terminologie ancienne de « crise », préférant recourir à celle, plus moderne, de « processus ». Ainsi les professeurs Braconnier et Marcelli distinguent-ils le processus d'adolescence « normale » et le processus d'adolescence « pathologique », celui-ci étant caractérisé essentiellement par des symptômes d'anxiété et de dépression, celui-là connaissant tout de même des « moments » de crise.

Alors, crise ou pas crise ? Françoise Dolto préférait parler de « mutation ». La vraie question étant alors de savoir si cette mutation est nécessairement « bruyante » et « conflictuelle ». D'abord, ce qui affaiblit singulièrement l'analyse des « défenseurs de la crise », c'est le fait que nombre d'entre eux le font sur la base d'observations d'adolescents particuliers (et donc non-représentatifs), ceux qu'à titre professionnel, ils reçoivent en consultation, c'est-à-dire, par définition, en difficulté psychique ou sociale. Or, le « pathologique » ne révèle pas nécessairement le « normal ».

L'ethnologie nous est ici d'un grand secours. Margaret Mead, étudiant dans les années vingt un groupe d'adolescentes aux îles Samoa, a été l'une des premières à montrer que, dans des sociétés ritualisées, la crise d'adolescence était inconnue. Rappelons que la célèbre ethnologue américaine avait précisément entrepris son étude pour vérifier la pertinence de la thèse du psychosociologue Stanley Hall, qui avait évoqué le caractère tumultueux et inéluctable de cette crise. Habitués très jeunes, avait-elle observé, à l'exercice des responsabilités sociales (même modestes), les jeunes pubères, à l'issue des rites d'initiation, accèdent tout naturellement aux responsabilités des adultes.

Concluons d'une part qu'il n'y a pas crise d'adolescence, d'abord dans les sociétés qui ignorent cet âge de la vie (Ancien Régime français), ensuite dans celles qui ont inventé des moyens, des procédés pour parer les possibles difficultés liées au passage de l'enfance à la puberté. Ainsi, grâce aux rituels et autres cérémonies d'initiation qui les projetaient dans le monde des adultes, les sociétés « primitives » évitaient-elles aux garçons pubères plaintes et récriminations éventuelles contre l'ordre social.

D'autre part, si nous retenons, malgré ce que nous avons dit, l'idée de « crise » pour l'adolescence, nous devons alors l'admettre aussi pour l'âge de la maturité. Considérons qu'en fait chaque âge de la vie est traversé par une crise, qui n'est ni catastrophe, ni table rase des étapes antérieures, mais adaptation à l'étape suivante. De la naissance à la mort, chaque être humain poursuit un long travail de transformation. Ainsi le processus de maturation est-il permanent. Tout homme passe par une série de stades de développement (Erikson, par exemple, en dénombrait huit, qu'il nommait « cycle de vie »). Chaque stade représentant une tâche psychique définie et s'achevant précisément par une crise spécifique. « Crises personnelles » que le même Erikson liait aussi aux « crises sociales historiques », l'environnement n'étant pas, à ses yeux, un monde extérieur à l'individu, mais « une réalité vivante et envahissante » (*Adolescence et Crise*, 1950).

La thèse de la « crise d'adolescence » a, de toute évidence, une utilité sociale. De même que la faiblesse de l'enfant justifie l'entreprise d'éducation, qui ressemble encore souvent à un dressage, de même la « crise » de l'adolescent sert à légitimer le contrôle social qu'on exerce à son encontre, le maintenant ainsi, au même titre que l'enfant, hors du champ des responsabilités sociales (celui-ci à cause de son immaturité, celui-là à cause de son mal-être et de son instabilité, étant censés ne pas être en capacité d'assumer ces responsabilités). La « crise d'adolescence » n'est en somme qu'une crise de la relation, le refus par l'adulte de la prise en compte de l'Autre, l'adolescent, dans sa singularité et sa richesse, le refus de la pleine capacité sexuelle, d'une pensée propre, d'aspirations particulières. Il dépend d'abord du corps social que cette phase de vie soit paisible et non conflictuelle. Il n'y a pas de déterminisme biologique, pas de fatalité de la crise, mais des circonstances socioculturelles qui favorisent telle ou telle orientation dans le processus d'adolescence.

« La puberté, c'est une transformation douloureuse du corps et de l'esprit. »

Un âge où on change si complètement.

Marcel Proust, *À l'ombre des jeunes filles en fleurs*, 1919

La puberté est assurément une profonde mutation. Il se produit en effet, dans tout l'organisme, une métamorphose à la fois somatique et psychique. C'est une étape clé de la maturation.

Étymologiquement, le terme « puberté » définit l'apparition de poils, sur le pubis principalement. D'un point de vue organique, la puberté correspond à la seconde poussée sexuelle (après celle de la phase œdipienne entre 3 et 5 ans), qui annonce le temps de la maturité sexuelle. Celle-ci est révélée chez la jeune fille par les premières pertes sanguines (entre 12 et 13 ans), chez le jeune garçon par les premières éjaculations (qui, étant généralement tues par les intéressés, sont moins aisément décelables. On estime cependant qu'elles se produisent vers 13-14 ans).

Cette mutation qui transforme de fond en comble l'apparence physique et le psychisme du sujet, fait l'objet, de la part des spécialistes, des qualificatifs les plus inquiétants. Citons-en ici quelques-uns: « violence pubertaire » (Braconnier et Marcelli), « tourmente pubertaire » (Huerre), « l'un des événements les plus dramatiques du développement » (G. Lutte)... Autant dire que le processus psychique est dramatisé vers le pathologique. La métamorphose s'accompagnerait, en effet, d'un rejet de soi, physique et mental. Il s'ensuit une série d'affirmations qui, nous semble-t-il, méritent d'être réexaminées aujourd'hui.

Les adolescents, surpris par la force des pulsions qui les envahiraient, seraient donc mal dans leur peau, inquiets devant ce corps qui change (qui les trahirait par quelque acné pour les uns, des érections spontanées pour les autres) et avec lequel ils devraient se familiariser. Ils ressentiraient ce corps comme une chose embarrassante, n'exprimant plus leur individualité. Ils iraient donc jusqu'à se prendre de haine pour ce quelque chose encore mal reformé. Comme l'indiquait jadis Pierre Mendousse, la crise de la puberté exagérerait le sentiment du corps. Les adolescents seraient également assaillis par un flot désordonné d'émotions qui les rendrait immanquablement énervés, susceptibles, intransigeants. En somme, ils seraient mal dans leur tête, avec une humeur qui « saute » sans arrêt, ce goût de l'opposition et de la contestation, cette tristesse inexplicable, etc. Sans compter qu'ils se trouveraient alors tous les défauts du monde…

Il est vrai, la mutation corporelle peut être brutale, trop rapide ou trop lente au goût des sujets. Il faut rappeler qu'au cours de cette phase, en moyenne, le corps double son poids et s'allonge de quelque 20 %. Comme chaque individu avance à son rythme et qu'il est rare qu'âge chronologique, âge pubertaire et âge mental coïncident, cette mutation peut entraîner des dysharmonies dont l'adolescent s'inquiète plus ou moins (ignorant qu'elles sont passagères).

L'importance des changements qui s'opèrent alors peut donc expliquer « les déséquilibres mineurs » dont ils s'accompagnent – déséquilibres que l'on ne saurait pourtant assimiler à des « manifestations psychologiques » (R. et D. Laplane, G. Lasfargues, *La Puberté*, 1971). De quoi s'agit-il en effet pour le sujet, sinon au sortir de l'enfance de trouver un nouvel équilibre ?

Des difficultés, on le sait, peuvent surgir de la dissociation entre puberté somatique et puberté psychique. Dans certains cas, une véritable pathologie de la puberté peut même se développer ; des « états morbides caractérisés » apparaître.

Considérons l'anorexie mentale, qui touche environ dix filles pour un garçon. Ne plus manger par souci de « garder la ligne » relève d'une pathologie sérieuse. Rappelons que 5 % des adolescentes anorexiques meurent de leur maladie. La plupart des spécialistes expliquent l'anorexie par un refus de féminité. Peut-être. Mais nous pensons qu'elle exprime aussi, et de plus en plus, au contraire, un désir féroce de féminité, de cette féminité prestigieuse qui s'étale sur les couvertures de magazines ou les écrans de télévision, la seule reconnue par le corps social. Vouloir, à tout prix, ressembler au dernier *top model,* à la dernière jeune chanteuse à la mode, qui, bien sûr, sont sveltes l'une et l'autre, et minces jusqu'à une certaine maigreur, voilà qui peut devenir une obsession chez beaucoup d'adolescentes. Et pour se faire « lolitas », certaines d'entre elles, à peine entrées dans la puberté, n'hésitent pas (si l'on en croit des études anglaises) à recourir à la chirurgie esthétique. Autre maladie : la boulimie, qui touche, elle, dix filles pour trois garçons. Manger et manger encore, se faire vomir pour manger à nouveau, voilà qui n'est pas sans danger non plus.

Il existe donc bien une pathologie de la puberté qui peut être grave. Mais, il faut savoir la mettre à sa vraie place. L'anorexie mentale concerne 1 % des adolescentes et la boulimie environ 4 %. Par ailleurs, une partie de cette pathologie semble être le résultat d'« exigences » sociales. On peut se demander par exemple si, en cas de changement de la représentation de l'esthétique féminine (une femme « bien en chair » se substituant à la « femme-squelette » actuelle), il y aurait « autant » de jeunes filles anorexiques.

En outre, si l'adolescence pubertaire peut être riche en névroses et comportements hystériques, il faut souligner d'abord que cet âge de la vie n'a l'exclusivité d'aucun de ces syndromes, ensuite que ces états sont souvent déjà installés dans l'enfance et qu'ils se poursuivront quelquefois au-delà de l'adolescence.

« Les adolescents sont insouciants, irresponsables, égocentriques, incroyants. »

On n'est pas sérieux quand on a dix-sept ans.

Rimbaud, *in Poésies*, Roman, 1870

« Les jeunes gens? ajoutera Paul Nizan, j'envie leur sens de l'irresponsabilité, de l'improvisation. » (*La Conspiration*, 1938.)

C'est avec une volée de mots désobligeants que l'on accueille les adolescents: « insouciants », « irresponsables », « incroyants », « insolents »... Au mot « jeunesse » d'ailleurs (équivalent alors du terme « adolescence ») le dictionnaire d'Antoine Furetière (XVIIe siècle) indiquait déjà: « manque d'expérience », « emportement ».

L'adolescence serait encore et surtout l'âge de l'instabilité. Instabilité dans les choix de vie, instabilité affective... Elle serait le temps des désordres ou des échecs amoureux. La littérature, là aussi, n'a pas peu contribué à immortaliser le destin malheureux des jeunes couples: Roméo et Juliette, Paul et Virginie, Tristan et Yseult... Autrement dit, cet âge « ingrat » ne serait pas celui des réalisations, mais des passions (souvent déçues). Comme disaient les Anciens, Platon en tête, l'adolescence est le temps des turbulences et des irrésolutions, le fruit amer de l'enfance.

Il n'est pas sûr que la réalité adolescente soit ainsi. Disons que les adolescents sont moins inconséquents qu'impatients (c'est pourquoi ils désertent volontiers les « grandes causes » au nom des « grands mots. »)

Insouciants ? Ces mêmes adolescents ont des inquiétudes auxquelles nous ne prêtons pas toujours l'attention souhaitée. Face au monde actuel en proie au chômage et à la précarité, ils se montrent au contraire très tôt soucieux de leur avenir. La peur du chômage, par exemple, est grande et se manifeste de plus en plus tôt. Il est vrai que nombre d'enfants et d'adolescents côtoient, à un moment ou à un autre de leur existence, un parent, des amis de parents, des voisins qui font la douloureuse expérience de l'inactivité professionnelle.

Il y a donc beaucoup d'inquiétude dans la tête des adolescents, préoccupés encore par la réussite de leur vie affective, de leurs études, et par leur santé (souvent menacée par les états dépressifs).

On dit encore les adolescents incroyants. Disons plutôt qu'ils ont des croyances multiples. Certes, ils se méfient des Églises et des institutions en général, mais on peut dire qu'ils ont un quant-à-soi religieux, fait de doutes et de possibles (ou probables), qu'ils recherchent en permanence ce qui les relie aux autres (pour cette raison, on peut dire qu'ils sont plus dans la religiosité que dans la religion – qui, pour eux, de toute façon, est une affaire personnelle). Ils ne pensent pas non plus qu'il y ait « une religion plus vraie que les autres ». C'est en réalité aux grandes valeurs qu'ils croient le plus : à la liberté, la solidarité, l'égalité, l'amitié, l'amour, l'authenticité. Ils entendent en tout cas se déterminer en fonction de leur expérience personnelle, faite d'éprouvé affectif, de raisonnement empirique, d'échanges.

« Inexpérimentés », « immatures » ? Les adolescents ont au contraire des expériences à leur actif (du fait de leurs connaissances technologiques notamment) et de l'intelligence à revendre. D'après les tests établis par le psychologue David Wechsler en vue d'étudier l'intelligence verbale et l'intelligence pratique, c'est entre 15 et 25 ans que les performances dans ces deux domaines sont les plus élevées. Philippe Gutton estime même que l'intelligence des adolescents, au sens de vivacité d'esprit et de capacité de compréhension, est plus grande que celle de leurs parents, notamment parce qu'elle s'appuie sur des expériences constamment renouvelées.

Adolescence, donc, rime avec intelligence. Une intelligence qui semble s'organiser en des formes variées. Flaubert, se rappelant ses 15 ans, signale ce fait : « Je sentais chaque jour le développement de mon intelligence. » (*Novembre*, 1842) Roger Nimier le souligne à son tour : « Vous êtes à l'âge le plus admirable qui existe. On ne retrouve jamais l'intelligence de la quinzième année... Il n'y a que deux âges avouables dans la vie : l'adolescence et la vieillesse. » (*Les Enfants tristes*, 1951)

L'adolescence est sans doute, quoi que l'on dise, l'une des phases les plus fécondes de l'existence (curieusement, peu d'études existent sur cet aspect des choses). D'un côté, le corps se rapproche de la morphologie adulte et acquiert sa maturité sexuelle. De l'autre, l'esprit poursuit un travail de structuration intellectuelle, dans une disponibilité qui favorise la créativité et l'anticipation.

L'adolescence, c'est l'âge du débat contradictoire, à grand renfort de déductions et de syllogismes ; c'est le temps de la dialectique. Tout parent connaît cet assaut verbal d'idées et de jugements, sans toujours voir qu'il a valeur de communication, qu'il crée du lien social. Moins « raisonnable » que l'enfant, mais plus « raisonneur », l'adolescent, comme l'observait

Pierre Mendousse dans l'entre-deux-guerres, a besoin de ce dialogue qui est la forme par excellence du raisonnement socialisé. En somme, l'adolescence est moins un « âge critique » que l'âge de la critique. L'adolescent veut juger par lui-même. Alors, il a tendance à tout discuter, à soulever des objections sur tout.

Pour gérer un temps présent, stressant, ennuyeux (celui de la classe par exemple), oublier les tristes réalités quotidiennes, ces garçons et filles savent aussi qu'il leur faut se délasser. Ce qu'ils font en toute occasion. Chez eux dans leur chambre, à l'école en cours de récréation ou durant les intercours et bien sûr en boîte ou en soirée avec leurs amis. Comme disait Barrès, dans *Le Culte du moi* (1893) : « Ils ont le délire d'animer toutes les minutes de leur vie. »

L'ennui, on l'oublie trop souvent, plane en permanence au-dessus de la tête de l'adolescent. Il s'ennuie seul, en famille, en groupe même. « Ennui originel », disait Edgar Morin naguère. L'ennui traîne dans la cité, dans les cages d'escalier ; il traîne dans les « beaux quartiers ».

Toutes les occasions sont ainsi bonnes pour faire la fête, la « teuf » selon le mot aujourd'hui consacré. Il y a d'abord les fêtes officielles. Jack Lang avait donné l'impulsion en instituant, en 1982, la Fête de la musique, dont le succès ne s'est jamais démenti depuis vingt ans. Il y a maintenant les Fêtes du cinéma, du sport, de la jeunesse, la Techno parade, la *Gay Pride*, etc. Les enfants et les adolescents ont même redonné de la vigueur à certaines manifestations, comme le Mardi gras, ou accueilli des fêtes étrangères, comme Halloween. Et, naturellement, il y a les rassemblements privés que l'on fait entre amis (parfois du reste sur des espaces qui ne sont pas à soi comme dans les *rave parties* où il s'agit d'abord d'être entre soi, loin d'un monde terriblement quotidien.)

Les adolescents ont aussi une immense réserve d'enthousiasme. « Sachez, disait Pierre Louÿs aux jeunes gens, que vous ne retrouverez peut-être jamais dans votre vie les moments d'enthousiasme de vos seize ans… jamais de plus grands bonheurs. » (*Mon journal*, 1887-1888)

Un dernier reproche : l'égoïsme, le narcissisme. L'adolescent chercherait en permanence son image. Fasciné par le miroir, il s'interrogerait sans cesse. Rectifions immédiatement ces mots impropres et parlons plutôt d'individualisme. Oui, les adolescents sont individualistes dans une société qui l'est bien, elle aussi. Ils le sont comme les adultes. Les uns et les autres veulent vivre libres, sans contraintes, « tout de suite ». Ils veulent choisir leur mode d'existence pour s'épanouir du mieux possible. Ils recherchent donc avidement le plaisir, les sensations. Adultes et adolescents ont alors le sentiment très vif que la vie présente est plus importante que le statut à venir, ce qui ne les empêche pas de vouloir s'investir pour aider les autres.

« Il y a de plus en plus de suicides d'adolescents. »

Il y a eu des semaines entières où j'ai cru devenir fou, tant il y avait de choses en fusion dans ma pauvre tête.

Roger Martin du Gard, *Les Thibault*, 1922-1923

États dépressifs, suicides et tentatives forment aussi, malheureusement, la toile de fond de l'univers adolescent. Depuis le début des années soixante-dix (qui coïncide, il faut le souligner, avec l'arrivée de la crise économique), on assiste, dans tous les pays occidentaux, à une augmentation sensible du mal-être adolescent.

On observe d'abord une croissance régulière de la souffrance. Environ 30 % des adolescents présentent aujourd'hui, soit des troubles dépressifs, soit une véritable symptomatologie dépressive. Ce phénomène semble toucher aussi bien les jeunes ruraux que les jeunes urbains, aussi bien les jeunes Français « de souche » que les jeunes d'origine étrangère. Cet état de mal-être n'est évidemment pas aisément décelable, même s'il existe des signes avant-coureurs: troubles du sommeil, nervosité, inquiétude, manque d'énergie, démoralisation...

On constate ensuite un niveau élevé de suicides chez les jeunes (qui place la France dans les premiers rangs européens). On estime qu'entre 40 000 et 60 000 jeunes de 15 à 24 ans sont admis chaque année dans les hôpitaux français, dont une large majorité de filles ayant – neuf fois sur dix – avalé des psychotropes. Dans près d'un tiers des cas, constate le professeur

Xavier Pommereau, qui anime une unité de soins à Bordeaux (le Centre Abadie), ces tentatives s'accompagnent de « coupures cutanées », c'est-à-dire de scarifications multiples. Plus de 900 suicides sont ainsi enregistrés annuellement dans la tranche des 15-24 ans, soit environ trois suicides par jour. Ajoutons que près d'un quart des adolescents avouent avoir des idées suicidaires et environ 10 % disent qu'elles sont fréquentes. Précisons encore que le lien est avéré entre idées suicidaires et tentatives de suicide, les adolescents qui pensent souvent au suicide sont aussi ceux qui passent le plus facilement à l'acte. Par ailleurs, on observe qu'une fois sur trois, l'échec d'une tentative est suivi d'une ou plusieurs autres tentatives.

Le suicide est un phénomène international. Il touche la plupart des pays européens, mais aussi les États-Unis, le Japon. Partout dans le monde les chiffres sont à la hausse. On assiste en France, comme pour la toxicomanie, à une véritable « nationalisation » du phénomène. Toutes les zones géographiques – rurale, urbaine, rurbaine – tous les types d'habitats sont concernés. Chez les adolescents, les garçons sont particulièrement touchés – quoique les filles fassent plus de tentatives – ainsi que les jeunes filles maghrébines. S'agissant de ces dernières, l'explication pourrait résider dans la contradiction lourde à gérer entre les perspectives d'émancipation matrimoniale et professionnelle offertes par les titres scolaires et les codes culturels des parents, peu favorables à cette émancipation.

Pourquoi autant de suicides dans la population adolescente (plus de 70 % d'augmentation en trente ans) ? Suffit-il d'évoquer un « terrain », une constitution personnelle favorables à cette violence, ou bien encore une enfance ponctuée d'événements traumatiques :

abandons, souffrances de toutes natures ? Suffit-il enfin d'affirmer, avec les médecins, le fait que l'adolescent « ne parvenant pas à s'approprier son corps » cherche à le détruire ? Autrement dit, faut-il se satisfaire d'explications qui mettent en avant les facteurs individuels – et souvent eux seuls – au détriment des facteurs sociaux et économiques ?

Non, bien entendu. Dans cette société de la compétition permanente, la pression est lourde. Il y a bien sûr pour tous les âges, la menace de l'inactivité. À cet égard, il faut noter le parallélisme des courbes du chômage et du suicide, qui depuis vingt-cinq ans grimpent ensemble, également. Nous retrouvons ici les analyses de Marx, Durkheim et Halbwachs qui établissaient jadis un lien entre crise économique et suicide. On peut penser que les difficultés économiques créent une ambiance « suicidogène », minent le tissu social, fragilisent les individus les plus faibles (jeunes et personnes âgées, mais aussi de plus en plus d'adultes de 35 à 55 ans), génèrent un sentiment d'inutilité sociale. Le suicide peut alors se présenter comme l'aboutissement du processus qui va de la précarisation à l'exclusion.

Il y a ensuite, plus spécifiquement pour les enfants et les adolescents, la pression scolaire, de plus en plus précoce (dès la sortie de l'école maternelle), accompagnée de son cortège de violences, d'exclusions, d'échecs et d'angoisses. L'école, on le sait, est devenue au fil des ans une « fabrique d'exclus ». L'enfant doit apprendre rapidement son « métier d'élève » ; il doit grandir vite, avoir très tôt un projet d'avenir. Un adolescent sans projet est d'ailleurs source de préoccupation pour son entourage. Suscitant l'inquiétude, il s'inquiète à son tour. Aucun adolescent n'échappe aujourd'hui à une forme ou une autre de stress. Il s'agit alors pour lui d'éviter de penser à un futur souvent peu grisant ; ainsi, la réflexion porte toujours sur le court terme : c'est le contrôle ou l'examen à venir qui retient d'abord son attention. Ensuite, on verra…

Le temps adolescent ressemble donc à une succession de présents. Cette situation peut être à l'origine d'états dépressifs particulièrement graves qui, dans le pire des cas, débouchent sur une tentative de suicide. Le lien (même ténu) est aujourd'hui avéré entre pression scolaire et ce dernier phénomène. Il ne s'agit bien entendu que d'un facteur parmi une constellation d'autres, individuels et sociaux, mais il n'est pas à négliger. Il s'ensuit le développement d'une nouvelle forme de suicide : le « suicide paradoxal », suicide d'élèves brillants, ceux des prépas et des grandes écoles qui, au cours ou au terme de leur scolarité, « craquent ».

Parmi les autres facteurs à risque : la solitude. Émile Durkheim, dans sa grande étude sur *Le Suicide* (parue en 1897), observait que l'isolement et le désœuvrement généraient des attitudes d'angoisse pouvant déboucher, chez les sujets les plus fragiles, sur des tentatives de suicide. Dans cette société du IIIe millénaire, qui reste faite d'individus, la solitude peut être grande. Les adolescents en souffrent plus qu'on ne croit. N'ayant de surcroît pas de place reconnue au sein de la collectivité, beaucoup ont un sentiment de « non-existence ».

Autres facteurs qui ne sont pas nouveaux : les difficultés familiales, une déception sentimentale, le deuil d'un proche… Ce monde, soulignons-le encore, est dur à vivre. Dur économiquement, nous l'avons dit, mais aussi moralement : la crise du sens, des croyances est réelle, profonde. L'adolescent vit dans ce monde sans boussole, il est désorienté. On ne soulignera jamais assez combien crises sociales et crises personnelles sont liées.

Autre évolution, non moins préoccupante et consternante, une recrudescence de suicides chez les enfants (moins de 12 ans) : une trentaine de cas par an, selon les spécialistes. La pression scolaire, ici également – dont nous avons vu qu'elle démarrait très tôt – n'est peut-être pas totalement étrangère à cette situation.

Le mal-être adolescent peut, bien entendu, revêtir d'autres formes, comme des violences sur autrui ou l'adoption de pratiques toxicomaniaques plus ou moins graves. Tous ces faits, incontestablement, sont provoqués par une situation sociale et économique qui reste dégradée.

Et pourtant, si l'on en croit les grandes enquêtes de l'INSERM, les adolescents se disent « bien portants », « bien dans leur peau ». Mais peut-on dire autre chose quand on a 15 ans et un avenir à bâtir ? Sans doute pas.

Quand on regarde un peu plus attentivement les données dont nous disposons, on s'aperçoit que ces adolescents de 2002 ne vont pas si bien qu'on l'affirme (et qu'ils le déclarent eux-mêmes). Sans être tous dépressifs ou suicidaires, beaucoup sont fatigués – une fatigue qui croît avec l'âge et concerne plus les filles que les garçons. De plus, ils souffrent de troubles du sommeil, de difficultés d'endormissement, de réveils nocturnes, de cauchemars. Soyons-en sûrs, leur anxiété est grande et se niche derrière les mots les plus inattendus : « rage », « haine », « galère »… Derrière la violence (que toute société bien ordonnée ne saurait accepter), il y a énormément de souffrances, c'est indéniable. Une souffrance qui peut se manifester notamment par des fugues. Lorsque les difficultés familiales et scolaires s'accroissent, que l'avenir se brouille, il peut y avoir, en effet, fuite de chez soi. Selon des sources officielles, il y aurait quelque 100 000 fugues chaque année, dont beaucoup ont un heureux dénouement et quelques autres, hélas, se transforment en errances durables.

L'ADOLESCENT ET SES PAIRS

« Les relations filles-garçons sont préoccupantes. »

Les mecs qui frappent les filles sont des impuissants.

Manifeste de l'association « Stop la Violence », 1999

À défaut d'être toujours mauvaises, les relations entre les garçons et les filles sont dans notre société plus compliquées qu'on ne le dit d'ordinaire. De là à parler d'une double crise du « masculin » et du « féminin », il n'y a qu'un pas que l'on peut franchir aujourd'hui, non sans raison et quelque explication.

Rappelons d'abord un fait de « nature ». La puberté et la sexualité qui l'accompagne viennent compliquer quelque peu le jeu relationnel des sexes. Dans les premiers temps (souvent incertains), chaque sexe tente de se réassurer dans son propre camp, les garçons avec leurs copains, les filles avec leurs copines ou, plus volontiers, avec la « meilleure » amie. Le rapprochement s'opère lentement, les premières stratégies amoureuses se mettent en place. Elles sont souvent délicates, maladroites. La relation à l'autre sexe demeure une opération confuse. Les garçons souhaitent satisfaire leur virilité naissante, les filles capter l'attention des jeunes mâles.

Examinons à présent le « fait de société »: les comportements des garçons et des filles actuels. D'abord les garçons. On les dit volontiers « machos ». Sans doute sont-ils souvent agressifs, au moins verbalement, et ce quel que soit le milieu social d'appartenance. Les mots sont durs, crus parfois, envers l'autre sexe.

La drague, qui commence de plus en plus tôt – à 12-13 ans quelquefois –, se fait avec ces mots qui blessent. Mots d'adolescents des cités, souvent mais pas seulement, mots qui s'accompagnent de gestes naguère interdits : attouchements divers comme mains aux fesses, caresses des seins, des parties génitales. Et puis un jour, il y a demande de fellation (rarement considérée comme un acte sexuel en lui-même). Les garçons, surtout ceux des cités, se vantent facilement du nombre de leurs conquêtes, mais soucieux de se soustraire aux regards (réprobateurs) de la « bande », ils préfèrent d'ordinaire nouer des relations avec des filles qui n'appartiennent pas à la cité. Comme l'avoue un jeune homme : « Les meufs de la tour ; c'est craignos. Tout se sait tout de suite, t'as plus de vie à toi ensuite. » Un autre ajoute : « Sortir avec une meuf de l'immeuble, c'est hyper compliqué. Après, t'es obligé de rester un peu avec elle. » Un dernier enfin reconnaît que les filles « faciles », il les rencontre à Paris parce que « dans la cité, y en a pas, ou alors c'est les sœurs de mes potes et celles-là, je les touche jamais ». En tout cas, les filles les plus fragiles ou les plus mal-aimées de la cité se plaignent d'être violentées, menacées, harcelées, violées parfois. D'autres estiment que les garçons « n'assurent » pas, qu'ils ont « de grandes gueules, c'est tout ». « Les mecs, ajoutent certaines, faut toujours aller les chercher pour qu'ils veuillent sortir avec nous. »

Nombre de ces faits semblent bien traduire une « crise du masculin ». Comment, en effet, se situer quand la famille peine à transmettre valeurs et codes de bonne conduite, quand la société tout entière pousse au sexe et à la violence ? Comment ne pas éprouver beaucoup de frustrations dans une société qui est celle du plaisir immédiat, du plaisir à qui peut le prendre (fût-ce par la force) ? « D'un côté, nous explique une jeune fille de 20 ans habitant Sarcelles, il y a la société qui montre des femmes à poil partout ; de l'autre la famille et la religion qui imposent de ne pas parler de sexualité. Les mecs sont paumés. Ils ne savent pas parler aux filles. » Dans les cités, l'affirmation de la virilité passe d'autant plus par la sexualité – et une sexualité agressive – que les mécanismes d'insertion scolaire, matérielle et professionnelle, sont défaillants pour beaucoup de garçons. Tout engagement affectif durable, en contradiction avec cette situation de précarité, se trouve prohibé. Alors, pour expliquer un viol en réunion (autrement nommé « tournante ») les garçons incriminés expliqueront à leur juge que les filles étaient consentantes.

Cette « crise du masculin » produit à son tour une « crise du féminin ». Les filles (principalement celles des cités) doivent se situer en permanence par rapport aux garçons. Ce n'est pas simple, notamment pour les jeunes maghrébines à qui, selon la tradition, l'espace public est interdit. « Quand une fille devient pubère, on la "serre" », dit Nacer. Cette « protection » est assumée par les pères et les grands frères. Donc, une fille maghrébine, « ça ne traîne pas dans les cafés, ça ne doit pas faire comme les garçons (fumer des joints, par exemple), ça ne doit pas draguer ». Dans les cités, en effet, les filles sont jugées sur leur « réputation ». Elles sont tenues de préserver leur image : elles ne doivent être ni « faciles », au risque d'être considérées comme des « chaudes », des « salopes », ni inaccessibles pour ne pas qu'on les accuse d'être des « bloquées » ou des « frustrées ».

Les filles, pour se défendre ou s'affirmer, sont alors conduites à adopter des attitudes masculines : parler comme les garçons, s'habiller comme eux, faire les mêmes choses qu'eux (du rap par exemple), ce que les garçons, évidemment, réprouvent (« est-ce qu'on s'habille en fille, nous ? »). Ou au contraire, à accentuer leur féminité, ce qu'ils ne manquent pas de leur reprocher aussi : « Les filles qui passent en jupe ou en jean moulant, disent-ils, elles abusent, elles cherchent. Alors, qu'elles ne viennent pas pleurer leur mère après ! »

Les filles peuvent ainsi devenir délinquantes. On estime qu'elles représentent aujourd'hui un peu plus de 10 % de la délinquance juvénile. Elles semblent en tout cas, en classe ou dans la cité, plus agressives qu'autrefois. À l'instar de leurs camarades garçons, elles développent entre elles des comportements fondés sur le principe du rapport de force. Elles peuvent même se faire, à l'occasion, racketteuses. Mais cette violence des filles reste très marginale.

Comment donc assurer sa féminité dans un monde (adolescent) qui la traite si mal ? Comment être dans la séduction sans tomber dans la provocation ? Que dire encore de ces rapports parfois difficiles, sinon violents, entre garçons-filles ? Faut-il y voir une conséquence de la mixité scolaire qui, en rapprochant les uns et les autres aurait fait disparaître la part de mystère qui entourait jadis cette relation, la rendant banale, et bientôt insupportable ?

La mixité scolaire, louable d'un point de vue démocratique, a produit assurément quelques « effets secondaires » sans doute insoupçonnés. D'abord, elle n'a pas mis fin aux *entre-soi* différenciés masculin et féminin. Ainsi, le meilleur camarade du garçon reste-t-il un garçon, la meilleure amie de la fille une fille. Ensuite, cette mixité peut même – au moins au début de l'adolescence – gêner les relations des uns et des autres. Peut-être davantage les garçons toujours, en moyenne, en retard de maturation. Ainsi, à l'école primaire, la ségrégation des sexes demeure-t-elle vivace. Garçons et filles se tiennent à distance les uns des autres.

Ajoutons que la mixité n'a pas complètement modifié les attitudes des parents. Ceux-ci continuent d'exiger davantage des garçons sur le plan scolaire (plus souvent, au demeurant, engagés dans les voies de l'excellence scientifique). En revanche, ils restreignent toujours plus les filles, moins souvent autorisées à sortir le soir, davantage tenues de rentrer à la maison aux heures fixées.

Parfois délicates, voire conflictuelles, les relations filles-garçons peuvent aussi être plus paisibles. Pour les uns comme pour les autres, l'amitié est, en effet, quelque chose d'important. Manifester son intérêt amoureux aussi. Alors, on se tient par la main au collège, on échange de petits baisers, on continue de rêver au grand amour. Toutes attitudes qui n'infirment cependant pas le renouveau d'un certain machisme, y compris chez les adolescents des « beaux quartiers ».

« Les adolescents, c'est une culture et un monde à part. »

Je reste persuadé que les jeunes maintenant se forgent, construisent des systèmes de pensée très proches quelle que soit leur origine.

Vincent Ravalec

Il n'existe pas deux réalités distinctes, opposées, voire conflictuelles, un « moi » et un « nous » adolescents. L'adolescent est en même temps une personne et une culture. C'est, en quelque sorte, une « personnalité culturelle ». Les deux significations sont intimement liées. Elles forment ce que le sociologue Norbert Elias nomme très justement une « configuration ». On peut ainsi définir la « configuration adolescente » comme l'interaction permanente d'une personne, corps et intellect, et d'une culture à multiples dimensions.

Nous avons parlé de la personne, parlons à présent de la culture. La culture ne divise pas seulement les peuples et les nations, elle distingue aussi les hommes, selon leur classe, leur sexe ou leur âge. L'adolescent n'*a* donc pas une culture; il *est* une culture. Une façon d'être au monde, de voir ce monde, de s'y mouvoir. Culture par quoi il faut entendre un système d'idées, de projets, d'attitudes particuliers qui la distinguent de la « culture adulte ». Culture au sens fort de mode de vie transcendant les clivages sociaux ou géographiques. Voilà pourquoi il faut parler de culture au singulier, même si, dans ses formes d'expression, elle est, individualisme oblige, tout à fait multiple. On peut donc parler d'un *adolescent way of life*. D'une « Internationale » de l'adolescence sociale et culturelle. « Les communications, observe Edgar Morin, se multiplient entre adolescents, porteurs des mêmes aspirations, de la même culture cosmopolite, des mêmes codes. » (*Terre-patrie*, 1993)

La culture adolescente n'est pas, comme on l'imagine d'ordinaire, simple addition de loisirs, de « pratiques », selon le jargon administrativo-scientifique en usage. Elle n'est pas davantage l'affirmation d'un temps libre, qui s'opposerait aux temps « contraints » (famille, école...), parce qu'elle est tout le temps, d'une manière ou d'une autre. Elle n'est pas un temps léger (frivole) face à des temps lourds, sérieux. Le temps adolescent est un temps en continu, un temps éminemment quotidien qui se conjugue au présent immédiat. C'est un temps rayonnant, celui du réel bien sûr, mais aussi celui du rêve. Michaël Jordan hier, Zinedine Zidane aujourd'hui remplissent les nuits des apprentis sportifs. Britney Spears, Alizée, celles des jeunes filles en herbe.

Dans ce temps-là, la musique occupe une place centrale, elle submerge le monde adolescent, vient se fixer aux psychismes, comme pour dessiner une nouvelle région cérébrale, chez les uns et les autres. On peut aller jusqu'à dire que la musique est le véritable langage de la « jeunesse ». Rock (toujours), rap (encore), techno (de plus en plus), mais aussi reggae, raï... ne sont pas simples distractions mais comportements dans le monde. L'éclectisme musical est, à cet égard, saisissant. L'adolescence, c'est la plongée quotidienne, en solitaire ou en groupe, dans des bains sonores, souvent jusqu'au paroxysme. Il y a des temps forts : le concert par exemple ou bien (très à la mode) les *rave parties* qui permettent, pour un temps toujours trop court d'effacer le présent si peu grisant quelquefois.

La culture adolescente n'est pas non plus logée sur un espace particulier, elle est partout. Elle peut être « de chambre » (jeux vidéo, jeux de rôle...), mais elle est le plus souvent dehors, « à la rue », quelquefois par goût. On le voit chaque jour avec les nouvelles pratiques de glisse *(skate, roller...)* ou picturales *(tags, grafs)*. C'est là qu'elle élit domicile, là où ses membres se sentent le mieux. De même qu'ils se moquent des catégories temporelles des spécialistes, les adolescents n'ont que faire de leurs découpages. Espaces publics, privés, intermédiaires, les mots leur importent peu. Seule compte, à leurs yeux, la liberté d'aller et de venir, que leur offrent plus volontiers les lieux ouverts (on sait l'engouement des *ravers* pour les espaces champêtres). Seules comptent encore la qualité du lieu (musical ou sportif) et son adaptabilité permanente car les adolescents aiment pouvoir changer d'activité au gré de leur intérêt.

Cette classe d'âge a aussi son langage qui s'éloigne du français « ordinaire ». Langage crû, agressif des garçons (et de plus en plus souvent des filles) où le verlan, à côté de mots français détournés de leur sens ou de mots inventés, tient une place centrale : quelques mots pour les uns, véritable composition pour les autres ; langage qui a valeur de joute. Tout ceci n'est pas bien nouveau en fait. Le langage jeune a toujours été (au moins dans les classes populaires) un langage vif, celui des bas-fonds quelquefois. L'argot, souvenons-nous, utilisé jadis par les jeunes ouvriers, a été emprunté aux prostituées et aux souteneurs.

Inventivité, créativité, dynamisme, adaptabilité sont les valeurs les plus remarquables de cet univers culturel. D'où une production constante de musiques, de sports, de jeux. La culture adolescente est souvent bruyante, parce qu'elle entend capter l'attention, signifier l'existence. Elle est marquante, pour les mêmes raisons. Marques sur le corps, marques sur la ville (tags entre autres). Le tag précisément si décrié, ce n'est pas seulement du « vacarme visuel » ou une simple affaire de dégradation, c'est aussi l'expression de capacités et d'habiletés : rapidité dans l'exécution – sous peine d'appréhension – travail graphique mobilisant patience et constance. Le *skate-board*, ce n'est pas seulement une histoire de « rebelles » sur de drôles de planches, c'est aussi une technique (jusqu'à la virtuosité), une fraternité.

Cette culture fut, dans un premier temps, le résultat de la révolution adolescente des années soixante. D'une volonté de prendre ses distances avec la génération aînée. Elle est à l'origine, sans aucun doute, une révolte, et d'abord contre la famille. Qui ne se souvient de la figure rebelle de James Dean ? Aujourd'hui qu'un demi-siècle a passé, cette culture ne se présente plus vraiment, complètement, comme une rébellion, ni d'ailleurs comme un libre choix de la « jeunesse ». En effet, peut-elle s'y dérober ? Il ne le semble pas.

La culture adolescente, plus que jamais, apparaît comme une réponse à cette identité que la société ne fournit plus à la jeune génération, comme une réaction aux mécanismes de socialisation épuisés, grippés (école, travail, famille). Alors les adolescents se définissent un monde de substitution où chacun a sa place, qui est fait de valeurs, de sensibilités, de goûts, de styles particuliers, qui est aussi composé de consommateurs (ne parle-t-on pas de biens culturels ?), avides, frénétiques, précoces.

Concluons en disant que cette culture dure. Sous le double effet du développement d'une société du temps libre et des difficultés d'insertion professionnelle, les adolescents s'enracinent dans un monde qui donne consistance à leur existence. On ne saurait donc s'étonner que, devenus jeunes gens, ils conservent le goût de pratiques ou de loisirs nés au cours de leur adolescence. Ces jeunes de 25-30 ans font souvent un retour nostalgique sur certaines émissions-télé, comme le dessin animé japonais manga.

« Les adolescents ont un "look" particulier. »

La tendance actuelle des adolescents se manifeste par la provocation dans les goûts, le costume et les mœurs.

Pierre-Henri Simon, *Pour un garçon de vingt ans*, 1966

L'adolescence est le temps de l'affirmation, plus que celui de l'opposition. Pour s'affirmer, c'est-à-dire révéler à l'autre sa nouvelle identité, l'adolescent a besoin de se différencier, de se distinguer (au sens propre comme au figuré) des adultes principalement. Il a besoin, non pas tant de se « singulariser » que d'exprimer sa singularité – les mots ici ne sont pas interchangeables : le premier évoque le goût (amer) du reproche de la différence, le second, au contraire, l'admet comme un fait positif.

L'adolescence, c'est d'abord une mise en scène (sociale) de soi, pour soi, pour être aussi, convenablement, avec les autres. C'est une façon de se présenter au monde. Elle implique des marqueurs identitaires, comme autant de signes de reconnaissance et d'appartenance. La parure est l'un de ces marqueurs, le plus essentiel sans doute. Le vêtement, c'est sa fonction première, renseigne sur soi, sur l'idée que l'on se fait de soi-même, sur les autres également. C'est en quelque sorte une communication « non-verbale ». L'important est de réussir à ce que d'un simple coup d'œil, l'autre sache où vous vous situez, à quelle « tribu » vous appartenez.

Alors, il faut « être à la mode ». Un souci, en réalité, de tout temps. La littérature nous offre de nombreux témoignages de ce goût pour l'apparence. Dans les années vingt, par exemple (pour ne pas remonter plus loin), la mode était l'une des grandes préoccupations de la jeunesse. « C'était l'époque où l'on portait des pantalons étroits en bas et des souliers à bouts pointus pour avoir l'air américain. » (Michel Leiris, *L'Âge d'homme,* 1939) On avait aussi « les cheveux rejetés en arrière suivant la mode qu'on appelait à ce moment "à l'aviateur". » (Daniel-Rops, *L'Âme obscure*, 1929) Les filles, elles, avaient les cheveux courts « à la Jeanne d'Arc ». « Ce qui me frappait dans la mode féminine de ce temps, se rappelle Julien Green, c'était sa fantaisie qui bravait le ridicule. » (*Jeunesse*, 1974) Souvenons-nous encore de la mode des années d'Occupation. « Certains bars, se rappelle François Nourissier, étaient envahis par des jeunes gens étranges. Ils portaient les cheveux frisés, en houppe sur le front et collés en bandeaux au-dessus des oreilles. Leurs pantalons étaient courts, leurs vestons interminables et délicatement cintrés sur les hanches. Les journaux de l'époque les nommaient indifféremment *zazous,* attentistes, bourgeois, gaullistes. » (*Un Petit Bourgeois*, 1963)

Le « look » est plaisir et contrainte à la fois. S'il veut exister, être reconnu, c'est-à-dire admis par ses pairs, l'adolescent n'a pas le choix : il doit se soumettre aux normes de son milieu d'élection. Dès le collège, quelquefois avant, il doit « suivre le mouvement », s'y conformer, s'il ne veut pas être exclu du groupe. Entre 10 et 15 ans, il faut ainsi être très solide mentalement pour oser ne pas porter de marques. La liberté vestimentaire est incontestablement une liberté surveillée, la mode-norme est partout dominante. Les injonctions médiatiques et les sollicitations commerciales font le reste. Au royaume de l'adolescence, nul n'est censé ignorer la géographie vestimentaire du moment.

Tout ceci produit paradoxalement une grande uniformisation. Personne ne ressemble plus aujourd'hui à un adolescent qu'un autre adolescent. Constat valable pour le monde occidental où la similitude est parfois brutale, mais au-delà pour le reste du monde : l'Afrique, l'Asie... où l'on s'habille aussi « ado ».

Le souci du look se manifeste de plus en plus tôt. Devenir adolescent, c'est aussi se revêtir de marques. Affaire de prestige. Les « grands » enfants veulent aujourd'hui des produits qui les sortent résolument de leur enfance.

Dans un monde où l'on est d'abord ce que l'on paraît, le corps doit être paré de tous les artifices : du maquillage (pour les filles) au tatouage (pour garçons et filles). Le corps est un langage qui traduit un état d'esprit, une humeur. Il est le langage social des adolescents. Selon le sexe, son usage est particulier. Il faut le couvrir, soit pour l'oublier, soit au contraire pour le révéler. En grossière réduction, nous pourrions dire vêtements plutôt amples pour les garçons qui, longtemps, cherchent à cacher une corpulence encore enfantine (l'amplitude accentue une virilité naissante donc insuffisante), vêtements plutôt moulants pour les filles qui, elles, quand elles ne souffrent pas d'excès pondéral, désirent être vues dans les modifications pubertaires en cours. Et la presse d'évoquer les nouvelles lolitas, jeunes adolescentes, aux signes très distinctifs : jupes courtes ou pantalons moulants, bustier découvrant le nombril, chaussures à talons compensés, bagues aux doigts, bracelets, anneaux aux oreilles, maquillage léger, vernis aux ongles (à 8-9 ans, les bleus, verts, jaunes, pastel ou fluo, l'emportent ; à 11-12 ans apparaissent les couleurs plus foncées ou métallisées, à partir de 15, les couleurs excessives dominent : le noir, le violet, le pourpre)… Le modèle de ces jeunes filles est double : c'est d'abord l'adolescente plus âgée, type grande sœur, vedette de la chanson (comme Alizée, 16 ans, ou Britney Spears, 19 ans). C'est ensuite la jeune femme, type *top model*, une « adulte » qui leur ressemble.

L'objectif pour l'adolescent, c'est de trouver un style personnel. Il va par exemple donner l'impression de s'habiller n'importe comment, tout en suivant, en réalité des codes précis. C'est en mélangeant des styles qu'il va pouvoir revendiquer d'être « inclassable », c'est-à-dire singulier. Alors entrent en jeu de menus détails (ou que nous supposons tels, à tort !) qui fondent cette différence (*piercings* par exemple). À prohiber malgré tout : le « tout-marques », des pieds à la tête, signe de « bouffonnerie ». À rechercher au contraire : la marque inconnue ou encore peu portée.

Un mot particulier sur cette nouvelle « tendance » que représentent le tatouage et le *piercing*. Ce phénomène qu'observe la psychosociologue Marie Cipriani-Crauste depuis plusieurs années est en pleine expansion. Le *piercing* tout d'abord. Dès l'âge de 13 ans, certaines filles, mais aussi des garçons, se font percer, en plusieurs endroits, le lobe de l'oreille ; à 15, les filles se font poser sur le nombril un petit bijou ; à 18, garçons et filles choisissent l'anneau sur l'arcade sourcilière, sur la narine, sur la lèvre inférieure ou encore sur la langue. Le tatouage à présent. Si les enfants optent pour les décalcomanies que l'on va exhiber sur les plages, et les jeunes adolescents pour les dessins au henné, les « grands », eux, (munis de la nécessaire autorisation parentale s'ils sont mineurs) se font « encrer », « piquer » la peau. Fleurs, serpents, cœurs… « poussent » ainsi sur l'épaule, sur la partie haute du ventre, la cheville…

Comme l'explique l'auteur de cette observation, « le culte de la différence est une expression besogneuse de l'entrée consciente dans le milieu environnant ». Il faut en quelque sorte à la fois ressembler aux autres et s'en distinguer. Un challenge difficile. Comment se distinguer, en effet, quand tous autour de vous vous ressemblent ? Comment affirmer son originalité face au conformisme ambiant ? Porter une marque peu connue, voire inconnue, qu'on aura rapportée des États-Unis ou d'Angleterre, permet par exemple d'affirmer sa personnalité en posant sa différence.

Un dernier mot sur l'adolescent des cités. Pour lui, plus encore que pour les autres, la parure est essentielle ; le vêtement de marque est notamment d'une extrême importance. C'est son « signe extérieur de richesse ». D'où le choix des marques les plus prestigieuses – *Lacoste* bien sûr, mais aussi *Ralph Lauren, Sergio Tacchini,* etc. – qui lui donnent le sentiment d'« être quelqu'un ».

« Les adolescents se regroupent en bandes. »

Le besoin pour le pubère de sentir, de penser et d'agir en communion avec ceux de ses contemporains qui lui ressemblent le plus est si fondamental qu'on en trouve un peu partout la manifestation.

Pierre Mendousse, *L'Âme de l'adolescent*, 1909

« Bandes-violences » : voici une première association d'usage courant. La bande ne désigne-t-elle pas, à l'origine, *dixit Le Petit Robert* : « Un groupe d'hommes qui combattent ensemble, rangés sous une même bannière, un même chef » ?

De bandes de jeunes, il a toujours été question au fil de l'histoire. Souvenons-nous des *Apaches* au début du siècle dernier, des *Blousons noirs* dans les années soixante, des *Zoulous* dans les années quatre-vingt... De bandes structurées, délinquantes, il a aussi toujours été question. Le discours policier, par définition, ne connaît que ces bandes-là (qu'il convient plutôt de nommer *gangs*). Organisées autour d'un projet délinquant, conduites par quelque chef ou meneur, ces bandes existent naturellement, avec quelquefois d'ailleurs un caractère trans-générationnel. C'est le cas des bandes qui opèrent par exemple dans le domaine des stupéfiants ; la chaîne des missions : trafic, *deal*, guet... correspondant ordinairement à celle des générations : adultes, adolescents et jeunes gens, enfants. Les services de police en ont identifié une vingtaine à Paris, « domiciliées » principalement dans les cités HLM. On en trouve par ailleurs, toujours selon les mêmes sources policières, à peu près dans tous les quartiers « sensibles » de France. L'entrée dans une bande se ferait aujourd'hui de plus en plus tôt, vers quatorze ans environ. Il existe aussi, quoiqu'en nombre réduit, des bandes de filles.

Les bandes dont nous parlent les médias sont avant tout, malgré la présentation diabolisante qui en est faite, des groupes à faible *leadership*, sans réel projet. Elles vivent d'actions spontanées, défendent d'abord un territoire, un honneur et se livrent à l'occasion à quelques expéditions punitives, que ces mêmes médias ont tôt fait de baptiser « guerres des bandes », batailles rangées entre jeunes des cités.

« Bandes-banlieues », voici donc une autre association fréquemment rencontrée. Les adolescents des cités seraient par définition collectivement violents. Il est vrai que l'actualité ne manque pas d'accréditer cette thèse, occasionnellement et, de plus en plus souvent, quotidiennement. Affrontement de « bandes » rivales sur le parvis de la Défense ou ailleurs, attaques, dans tel ou tel quartier contre les forces de l'ordre, les pompiers et les médecins : tous ces faits militent en faveur d'une jeunesse des banlieues agressive, violente et bientôt délinquante.

Mais les bandes, quelle qu'en soit la forme, ne constituent que la périphérie du monde adolescent. Le gros des troupes se retrouve dans des groupes à dimension et finalité variables, mais plutôt paisibles, ordonnés autour d'une activité ou du simple « parler ». Ces « bandes » sont, elles, de tous milieux sociaux. Il est en effet des bandes dans la « jeunesse dorée ». Déjà, il y a un demi-siècle, le romancier Jean-Louis Curtis nous décrivait-il l'une d'entre elles : « Une douzaine de jeunes bourgeois de 16 à 20 ans en vacances à Biarritz... Ils avaient tous échoué, comme un seul homme, à leur baccalauréat et ils formaient une association dénommée le Biarritz Loufoc's Club. » (*Les Jeunes Hommes*, 1944)

« Groupe » : le mot est plus neutre. Définissons-le, à la suite du psychologue Jacques Sélosse, comme « un ensemble de personnes liées par un comportement commun et ayant une certaine conscience d'appartenance, éprouvant un ensemble de sentiments et s'exprimant à travers un système d'attitudes et de valeurs propres ».

On peut aller jusqu'à dire que le propre de l'adolescence, c'est le regroupement. C'en est même un signe de bonne santé personnelle. Devenir soi passe par l'autre, avec l'autre. Un *entre-soi* « naturel » en quelque sorte. Par le groupe, l'adolescent s'affirme collectivement par rapport à l'extérieur, au monde adulte ; il prend ses distances avec sa famille et s'éloigne de sa propre solitude – encore que l'ennui puisse être aussi une réalité collective. Autant dire que si l'adolescent est un être singulier, il vit au pluriel. Le rapport à soi est aussi un rapport à autrui. Les garçons aiment à se retrouver entre eux pour bavarder, faire des choses ensemble : de la musique, du sport…, des bêtises quelquefois. C'est une tendance naturelle et universelle.

À quoi correspond ce besoin de regroupement ? C'est, disent les psychologues, une façon de se prémunir contre l'envahissement des idées sexuelles qui surgissent alors avec une grande intensité. Le groupe est en quelque sorte une échappatoire pour l'adolescent, une manière de se soustraire, selon la formule de Jean-Bernard Chapelier, aux « objets brûlants » que sont les parents. Voilà pourquoi, peut-être, les groupements sont plus souvent masculins que féminins. Les filles, en effet, sont plus rapidement et plus facilement, dans l'expression de leurs sentiments, dans la confidence ; elles maîtrisent mieux ce qui se passe en elles. Le secours et le soutien d'une « bande » leur sont moins nécessaires.

Le groupe remplit donc, principalement pour les jeunes mâles, une fonction d'assurance (ou de réassurance). Il permet de consolider une nouvelle identité encore balbutiante. Il sert d'apport et de support à la redéfinition personnelle. On peut dire que, pour l'adolescent, il est le centre de sa vie sociale.

Quand le groupe est actif (organisé autour d'une activité), ses membres peuvent instituer avec leur pratique un véritable « rapport de dépendance ». Leurs pensées, leurs actions sont alors entièrement mobilisées par l'activité. Par cette attitude, l'adolescent, qui ne peut encore assumer l'autonomie qu'il revendique, esquive la relation à l'adulte pour privilégier la relation à l'objet. Ainsi a-t-il le sentiment de ne pas perdre la face, en maîtrisant une situation où l'Autre (l'adulte) est absent.

Pour le sociologue (sans renier l'explication psychologique), le groupe correspond aussi, dans une société comme la nôtre, à un besoin d'existence sociale. Par son comportement, la société donne en effet aux adolescents le sentiment qu'ils n'ont pas leur place en son sein. Alors ils se regroupent, s'organisent autour d'activités précises. À cet instant, l'*entre-soi* naturel se double d'un *entre-soi* culturel. Cependant, le groupe exerce aussi une pression constante sur l'individu pour l'amener à faire comme les autres. Il a ses attributs propres : un langage, des codes vestimentaires, une image de marque à sauvegarder.

Le groupe est plus spontané et informel que réellement organisé. On peut d'ailleurs dire que la non-structuration est la règle. La spontanéité est préférée au projet. Les sociabilités sont légères, éphémères. En dépit des aspirations égalitaires de ses membres, le groupe ne forme pas une société démocratique. La compétition y existe, qui peut être brutale, compétition déjà faussée par les décalages pubertaires. Chez les pairs, l'un reste enfant quand l'autre est déjà pubère. L'un grandit, l'autre reste petit. C'est la porte ouverte aux rapports de force, parfois à la violence, verbale ou physique. Point de chefs cependant, mais plutôt des rôles autodistribués, des *leaderships* de compétences, d'opinions et de communication. En somme, le *leader* est le « mieux-faisant », le « mieux-disant ».

En résumé, le groupe, c'est une logique subtile et parfois intenable.

1) On se rassure en étant comme les autres ;

2) En étant comme les autres, on est accepté dans le groupe ;

3) En étant accepté dans le groupe, on perd de sa singularité.

Le défi est là : chacun doit ressembler à l'autre et s'en distinguer à la fois. Pour être soi, il faut être comme les autres et, en même temps, il faut s'en dissocier. Pour devenir un soi complet, il ne faut plus être totalement comme les autres. Pas simple.

Terminons en soulignant que la durée de vie des groupes a augmenté au cours de ces dernières années, en raison des difficultés d'insertion sociale et professionnelle. On reste donc plus longtemps dans sa tribu d'élection, siège d'une identité sociale de substitution.

« Les adolescents aiment les activités à risque et recherchent les sensations fortes. »

Il faut des stimulants de plus en plus puissants aux gens qui vivent dans une société anesthésiée pour avoir l'impression qu'ils sont vivants.

Ivan Illich, *Némésis médicale,* 1975

Les adolescents recherchent souvent le risque ; ils débordent en effet de vitalité. Freud disait qu'ils sont en état de « surcharge quantitative énergétique ». Ils doivent en conséquence se dépenser pour libérer les forces qui les animent. Bref, les adolescents ont besoin d'expérimenter, de se tester pour s'affirmer et trouver leurs limites ; ils ont en somme recours au risque pour aller jusqu'au bout d'eux-mêmes.

Le fait est que plus aucun rite d'initiation ne leur permet de mettre à l'épreuve corps et esprit. Plus aucun espace social, plus aucune responsabilité ne leur sont attribués, ils ne se sentent ainsi plus réellement exister au sein de la Cité. Alors, privés d'expression publique, ils se signalent à nous par des conduites plus ou moins extrêmes. Comme le disait Françoise Dolto, puisque les adolescents ne peuvent plus prendre de risques « utiles », ils prennent des risques inutiles.

Que le risque soit dans le cheminement des adolescents, qu'il soit « naturel », ne saurait donc en soi causer surprise. Il serait même un élément de définition de cet âge, une caractéristique quasi biologique. Il faudrait en quelque sorte prendre des risques pour se connaître, poser son identité.

Ce qui est nouveau, c'est que le risque est devenu avec la modernité le moteur des conduites individuelles. C'est une manière aussi de s'évaluer dans un monde de compétitivité. Mais, pour utile qu'il soit dans la construction identitaire (il est assurément un instrument de connaissance de soi, de prise d'autonomie, de connaissance du monde), le risque n'est pas sans danger !

Les sociétés « primitives », nous l'avons souligné plus haut, l'avaient compris et intégré dans des événements rituels : les fameux rites de passage que le temps a progressivement effacés. Grâce à une série d'épreuves physiques, de marquages du corps, l'adolescent à l'âge de la puberté pouvait se confronter au risque, socialement « contrôlé », d'une souffrance parfois extrême mais qui lui permettait d'accéder au monde des adultes. Rien de comparable dans les sociétés actuelles où le risque, changeant de sens, a changé de nature. D'abord les conduites dites « à risque » se sont multipliées. Nombre d'entre elles se situent aujourd'hui à un niveau que l'on peut tenir pour élevé, voire inquiétant. Conséquence : d'utile qu'il était, on tient aujourd'hui le risque pour nuisible ; on n'a donc de cesse que de vouloir l'éliminer.

C'est qu'il fait des dégâts considérables. Et d'abord sur les routes. En 2000, 1 633 jeunes de 18 à 24 ans sont décédés des suites d'un accident de la circulation (38 538 autres ont été blessés). Alors que cette tranche d'âge ne représente que 9 % de la population, elle représente 21,3 % des tués sur la route. Par conséquent, les accidents de la route restent la première cause de mortalité chez les 18-24 ans. Principales causes d'accident : la vitesse (56,5 %), l'alcool (35,8 %), l'inaptitude à la conduite (26,5 %), le non-port de la ceinture de sécurité (23,9 %), une maladresse de conduite (23,5 %) et la fatigue (21,3 %). Les chercheurs de la Sécurité Routière soulignent le fait que les plus jeunes, les 18-19 ans, testent précisément leurs limites sur la route et recherchent des sensations fortes. La vitesse, aggravée par l'alcool, au sortir des discothèques (la moitié des accidents des jeunes se produisent le week-end et les jours de fêtes), procure le vertige espéré. Chez les jeunes des milieux défavorisés, se faire des frayeurs sur la route est aussi le moyen de se défaire des angoisses quotidiennes. Ainsi les jeunes qui font la course sur les autoroutes ou qui les empruntent à contre sens, ont-ils le sentiment d'exister enfin pleinement. S'ils réchappent à l'accident, ils en concluent que leur vie a véritablement un sens.

Et nos contemporains de rêver d'une société à « risque zéro »! Combien d'enfants sont autorisés de nos jours à prendre des risques, à faire ces « expériences tâtonnées », qu'évoquait Célestin Freinet, où les enfants découvraient par eux-mêmes et par étapes, au contact de la nature, les connaissances que le système scolaire traditionnel choisit plutôt de leur inculquer. Combien d'enfants peuvent faire ces expériences qui les grandissent, vont leur permettre d'affronter sans crainte le monde et ses contraintes? Combien d'adolescents peuvent se montrer audacieux dans leur vie? Combien peuvent sortir des rails que leur proposent les diverses institutions sociales?

Dans un monde devenu moins collectif et plus individuel, le risque aide les adolescents à trouver eux-mêmes l'aiguillon de leurs conduites. L'adolescent doit arracher dans la force de l'instant ce sentiment de vie; il doit s'assurer physiquement de son identité, puiser en lui toute cette énergie qui l'irrigue, repousser les limites toujours plus loin.

De « naturel » et collectif qu'il était, le risque est donc devenu essentiellement individuel. Il en résulte le développement, principalement en milieu urbain, de pratiques adolescentes où le risque est central, sans être nécessairement extrême, voire mortel. Cela donne les « tribus » les plus variées, celles de la glisse : *skaters* et *rollers*, celles du graphisme : *taggers* et *graffers*. L'important pour les uns et les autres est le dépassement, pour « faire continuellement la preuve de sa propre vie. » (Jean Baudrillard, *Amérique*, 1986.) Chacun doit éprouver les sensations les plus fortes, parvenir à la jouissance en mobilisant tous ses sens – parfois jusqu'à l'abus du corps.

La pratique du *skateboard* est à cet égard exemplaire. Il est bien ici question de faire de ce corps une « machine » à tout maîtriser ; cela passe par un usage intensif, jusqu'à l'exténuation, la blessure quelquefois. C'est la condition pour se sentir « bien dans sa peau », au risque de l'user abusivement, prématurément. En effet, la répétition sur de nombreuses années d'impacts, frictions, entorses, affectant des zones précises, représente sans doute pour l'organisme un risque sérieux d'altération. On retrouve du reste pareil problème chez les adeptes du *roller* s'adonnant à certaines disciplines « acrobatiques ».

Mais le risque, le danger, font partie du « jeu », lui donne sens. Aller au bout de soi-même, se dépasser, se prouver qu'« on peut le faire » : tel est l'enjeu. S'affronter dans un combat sans merci, « sous les yeux des autres qui donnent une valeur encore plus grande à un enjeu qui demeure cependant intime. » (David Le Breton, *Passions du risque*, 1991.) Affronter les limites dans une surenchère permanente. Voilà les mobiles des adolescents des « tribus » urbaines. Le quotidien se transforme alors en un vaste champ d'expérimentations, avec le corps comme instrument de tous les risques. Avec le défi comme logique suprême. Défi à soi, défi à l'autre. Défi pour se donner de la visibilité, pour attirer l'attention, conséquence du formidable besoin de reconnaissance sociale d'une population qui se sent exclue. Il s'agit dans ces conditions de se livrer à des actions d'éclat. Plus le risque est élevé, plus le prestige est grand. Ainsi, pour un *tagger*, mettre sa marque sur un endroit « sensible » (poste de police par exemple), voire sur un monument, est-il le moyen de se faire reconnaître par ses pairs, de clamer haut et fort son existence (et son talent), de capter l'attention de la société tout entière. Par l'activité à risque, l'adolescent se forge en quelque sorte une « identité d'attente ».

Naturel, culturel, palliatif, le risque, il est vrai, se fait parfois pathologique. C'est le « risque-conséquence » de troubles ou de dysfonctionnements sociaux et familiaux. Ces risques ont des noms : toxicomanie, dépressions, fugues, suicides.

« Les adolescents ont une vie sexuelle de plus en plus précoce. »

Seize ans ! Année où l'on fait tout pour la première fois, où tout vous semble nouveau parce qu'on regarde tout avec d'autres yeux.

Pierre Louÿs, *Journal*, 1887-1888

Sur la sexualité des adolescents circulent encore, ici ou là, toutes sortes de rumeurs, voire de préjugés. Elle serait intense, désordonnée, de plus en plus précoce : dès 13 ou 14 ans, entend-on parfois. Les angoisses parentales (surtout pour les jeunes filles) sont ici à leur zénith. D'où l'empressement des mères à conduire leur fille chez le gynécologue dès les premières règles, ou bien encore le ciblage fréquent de la population adolescente devenue destinataire privilégiée des campagnes de prévention contre le Sida.

Disons immédiatement que l'amour reste un idéal fort chez les *teenagers* (et son corollaire, la fidélité). Contrairement à ce que l'on croit, les adolescents ne dissocient pas volontiers sexualité et sentiments. Une enquête réalisée en novembre 2000 par ABC+ pour *L'Express* et *Science et Vie junior* apporte ici un éclairage intéressant. On y apprend que les adolescents d'aujourd'hui sont aussi sentimentaux que ceux des générations antérieures, qu'ils attendent d'être « prêts » avant de passer à l'acte. Sortir avec quelqu'un de l'autre sexe (ou du même sexe quelquefois) signifie d'abord « être avec » et pas nécessairement « faire (l'amour) avec ». Les adolescents aiment à se retrouver entre amis pour partager un bon moment, faire des projets, acquérir, pour les plus jeunes, une confiance encore incertaine (d'où le succès chez les très jeunes d'une émission comme *Loft Story*, véritable mine d'informations sur la vie affective de la jeunesse). La libération sexuelle est aujourd'hui un discours *has been*. Et les conduites sont plus raisonnables qu'on ne l'imagine généralement. Le « désordre sexuel » adolescent relève bien du fantasme des adultes. La précocité pubertaire n'est pas synonyme de précocité sexuelle.

La sexualité demeure un apprentissage qui prend du temps. À un âge où l'identité a besoin de s'affirmer, tout n'est pas possible rapidement, facilement ; il faut vaincre, pour les uns une timidité tenace, pour les autres hésitations et interrogations. Le fait que les médias, la publicité déversent au quotidien un lot d'images à connotations sexuelles ne change rien à cette réalité : la sexualité est une épreuve à affronter et à surmonter. Les filles, à cet égard, expriment plus facilement entre elles leurs inquiétudes : la peur du Sida, de la grossesse, du ridicule aussi. Les garçons, pour leur part, se tiennent à bonne distance (verbale) de leur propre sexualité ; ils profèrent des généralités, qui ne les engagent guère, en faisant appel à la grivoiserie, la moquerie et autres vantardises.

Par conséquent, l'âge du premier rapport sexuel reste d'une remarquable stabilité avec les années : 17 ans environ. Les adolescents continuent d'attendre leur première fois autant qu'ils la redoutent (même s'ils préféreraient que le premier rapport sexuel ait lieu un peu plus tôt, à 15-16 ans).

Il est pourtant certain qu'il existe une forte pression sociale, émanant de la publicité et des médias, à l'établissement de rapports sexuels rapides. Il paraît donc « normal » pour un adolescent de s'engager sexuellement dès qu'il en est capable physiquement (ce qui ne veut pas dire encore une fois qu'il le fait nécessairement). Toute la difficulté provient du fait que les conduites sexuelles adolescentes ne sont, en fin de compte, ni interdites (on est, d'après la loi, majeur sexuel à 15 ans) ni franchement autorisées. Les parents ont toujours de bonnes raisons pour conseiller de différer le passage à l'acte de leurs enfants : le Sida, les études, la religion quelquefois.

Comment la connaissance sexuelle vient-elle aux adolescents ? Les choses sont ici extrêmement claires. Cette connaissance ne provient généralement ni de la famille ni de l'école (malgré la circulaire Fontanet de juillet 1973 introduisant l'« éducation sexuelle » dans les programmes). Même si le sexe n'est plus considéré comme un tabou, les parents n'en parlent guère avec leurs enfants. Le sujet gêne, indispose. Que dire, que conseiller, sinon rappeler que les enfants ont bien assez le temps pour « ces choses-là » ? Que dire qui ne soit pas perçu comme une intrusion dans leur vie privée ? Les raisons ne manquent pas pour ne rien dire ou dire le minimum (ce sont quelques échanges mère-fille, surtout par souci d'information des risques encourus). L'école n'est guère plus bavarde, se bornant à une information d'ordre purement anatomique. L'amour n'est toujours pas dans les manuels scolaires !

Les renseignements sur le sexe viennent bel et bien des pairs et des médias, et cela de plus en plus tôt. Une enquête récente réalisée par Denise Stagnara (*Aimer à l'adolescence. Ce que pensent et vivent les 13-18 ans*, 1999), montre ainsi que la moitié des élèves d'une classe de CM2 avaient déjà vu un film pornographique. C'est aujourd'hui le cas de la plupart des adolescents. Ils découvrent ainsi une sexualité agressive, peu respectueuse de la dignité de la femme et peuvent avoir envie de reproduire ce qu'ils ont vu. D'où des demandes, tout à fait banales dans leur esprit, de fellation, voire de sodomie, parfois à de jeunes camarades.

La véritable libération sexuelle de cette génération est d'abord sémantique. Les enfants connaissent très rapidement les mots qui disent la sexualité. Ils parlent donc de sexe de manière assez crue. Mais ils n'ont pas de réelles connaissances sur les mécanismes physiologiques. Le savoir de base continue à faire défaut. Voir n'est pas savoir, entendre n'est pas comprendre. Dans un rapport au Premier ministre, le député Jean-Marie Geveaux faisait d'ailleurs récemment état d'« un manque d'informations de base de la jeunesse sur des sujets que l'on pouvait considérer comme connus et en particulier la sexualité ». D'où le succès des lignes-écoute telles que Sida info service ou Fil santé jeunes.

En fait, tout commence « tranquillement ». D'abord en CM2 et en 6e, on discute un peu, les filles avec les filles, les garçons avec les garçons. Puis, les uns et les autres découvrent peu à peu le désir. Vers 12-13 ans, en 5e-4e, on se mélange davantage, avant d'être un peu plus audacieux : à 14 ans on s'embrasse (sur la bouche) et on se caresse un peu, rien de plus. Le rapport avec pénétration, ce sera pour plus tard. Bref, la rencontre de l'autre sexe demeure une opération délicate. Le recours au « médiateur affectif » demeure dans ces conditions la prise de contact la plus classique, surtout chez les plus jeunes : le garçon envoie l'un de ses copains auprès de l'élue pour lui demander si elle accepterait de sortir avec lui.

Tout se poursuit par les fantasmes, les premières

pratiques masturbatoires (tous les garçons ou presque y ont recours ; les filles un peu moins). Françoise Dolto disait justement que la masturbation était indispensable et qu'il était important pour cette raison que les adolescents ne se sentent pas coupables de leurs gestes.

La construction d'une véritable relation d'échange prend du temps ; elle implique une série d'épreuves, d'étapes préalables, de tâtonnements.

Il y a d'abord la première « soirée » chez les amis, loin des parents, relégués à l'autre bout de l'appartement ou, mieux encore, de la ville. Première soirée souvent synonyme de première cigarette, première gorgée de bière ou d'alcool, premier baiser. C'est seulement quatre ou cinq ans plus tard que vient la première relation sexuelle. La plupart du temps, elle ne se passe pas comme on l'avait imaginée. La déception est fréquente.

Pour le garçon, traditionnellement, on le sait, le premier rapport permet avant tout d'éprouver sa puissance virile. Montrer et surtout se prouver « qu'on peut le faire ». Pour la jeune fille, l'important, à cet instant, est déjà d'éprouver des sentiments pour son partenaire (60 % d'entre elles se déclarent amoureuses de leur partenaire lors de leur premier rapport). En réalité, tout est encore confus. Entre désir physique, sensualité, amour, il n'est guère facile de faire la part des choses. Les premières relations sont donc brèves : quelques jours, quelques semaines, rarement plus. Comme par le passé, mais peut-être de façon moins accentuée, les filles recherchent des garçons plus âgés qu'elles ; elles trouvent souvent les garçons de leur âge trop « bébés ».

Où se rencontre-t-on ? D'abord à l'école bien sûr, ensuite dans les soirées que l'on organise chez les parents, enfin durant les vacances, où l'adolescent dispose de plus de libertés, de sorties notamment (c'est d'ailleurs là que se produit, dans plus de 60 % des cas, le premier rapport). Particulièrement prisés, les « squats », soirées où l'on réunit quelques amis seulement, qui dorment ensuite chez l'invitant, loin des regards, les parents étant en week-end.

Que recherche-t-on chez son partenaire ? Les garçons sont sensibles avant tout, et dans cet ordre, à la beauté, à la gentillesse, à la confiance et à l'intelligence. Les filles « craquent » pour la gentillesse, la confiance et l'humour.

Si le premier rapport est souvent « protégé », à un certain moment, l'adolescent peut être tenté (et l'est, d'après nombre d'enquêtes) de « baisser la garde » au nom de la confiance. L'Autre ne peut être un risque puisque le lien est d'amour et que l'amour, c'est la confiance. Alors, à quoi bon le préservatif ?

La première sexualité adolescente ressemble à une série d'épisodes brefs et espacés. D'après les études du sociologue Hugues Lagrange, la durée moyenne d'un flirt entre deux adolescents n'excède pas trois mois. Elle est aussi plus spontanée que préméditée. Plus balbutiante que sûre d'elle-même. Les mœurs peuvent évoluer, les tabous reculer, il faut toujours du temps pour acquérir l'expérience nécessaire à l'épanouissement de la relation.

« Les adolescents fument, boivent et consomment des produits interdits. »

La consommation de cannabis s'est nettement étendue au cours de ces dernières années, particulièrement chez les jeunes. (...) C'est un cap symbolique. Pour la première fois, ce comportement devient majoritaire dans une classe d'âge.

Jean-Michel Costes, directeur de l'OFDT (Observatoire français des drogues et des toxicomanies), 2002

« Clopes, demis, shit, etc. » La réalité est ici sans complaisance. Il ressort des travaux de la Mission interministérielle de lutte contre la drogue et la toxicomanie (MILDT) et de ceux du haut comité de la Santé publique que plus d'un jeune sur trois, âgés de 12 à 18 ans, est consommateur de tabac. Les neuf dixièmes de ces fumeurs sont des fumeurs réguliers. Ajoutons que la consommation de tabac est multipliée par dix entre le début et la fin de l'adolescence. Ainsi 60 % des adolescents de 16-17 ans fument-ils. À 18 ans, les filles semblent – quoique très légèrement – plus consommatrices que les garçons (elles ont tendance aussi à consommer plus tôt). L'âge moyen de la première cigarette se situe aux alentours de 13-14 ans. Entre 15 et 19 ans, 31 % des jeunes fument au moins une cigarette par jour, 8 % fument 10 cigarettes et plus. Par ailleurs, donnée non négligeable, les non fumeurs sont deux fois plus nombreux que les fumeurs à indiquer que leurs parents leur interdisent de fumer. Les fumeurs disent fumer notamment pour évacuer le stress.

Le tabagisme est un fléau national. 60 000 adultes en meurent prématurément chaque année en France. Et 2 500 autres succomberaient au tabagisme passif (qui touche les non-fumeurs). Depuis dix ans, les pouvoirs publics tentent de lutter contre ce produit toxique considéré, depuis peu, comme une drogue à part entière (rapport du professeur Bernard Roques, 1999).

S'agissant des adolescents, à la suite de la publication, en octobre 1999, du rapport du député Alfred Recours, *Politique de santé et fiscalité du tabac*, la question a été évoquée d'interdire la vente de tabac aux moins de 16 ans. Débat relancé, en mai 2001, par Bernard Kouchner, secrétaire d'État à la Santé et à l'Action Sociale, mais abandonné aussitôt, cette mesure risquant d'apparaître « anti-jeunes » et étant de surcroît difficile à mettre en œuvre.

Ce phénomène touche toute l'Europe. On estime aujourd'hui que deux adolescents européens de 16 ans sur trois ont déjà fumé au moins une cigarette dans leur vie.

Autre problème (et autre fléau national, 52 000 morts recensés chaque année) : l'alcool. Plus de la moitié des adolescents en consomment, 40 % occasionnellement et 12 % plus régulièrement. La bière vient en tête des consommations, suivie par les alcools forts et le vin. Comme pour le tabac, la consommation s'accroît avec l'âge, surtout chez les garçons. Ainsi, entre 16 et 18 ans, leur consommation de bière est-elle multipliée par huit, celle de vin et d'apéritifs par quatre. Les filles, moins concernées, voient cependant toutes ces consommations multipliées en moyenne par deux. On commence aussi à boire plus tôt (des parcours d'alcoolisme peuvent débuter aujourd'hui à 12-13 ans) et les filles paraissent combler partiellement le retard de consommation qu'elles avaient sur les garçons. Récemment interrogées par le Comité français d'éducation pour la santé, les adolescentes de 15-19 ans avouent avoir bu en moyenne deux verres et demi d'alcool la veille de l'enquête. Signalons qu'au cours des douze derniers mois, près d'un tiers des adolescentes se souviennent avoir connu l'ivresse au moins une fois par mois.

L'Organisation mondiale de la santé estime que l'abus d'alcool a entraîné, directement ou indirectement, la mort dans le monde de 55 000 jeunes gens âgés de 15 à 29 ans en 1999.

Après les drogues légales, parlons des drogues interdites. Ici également, la situation est préoccupante. De plus en plus de jeunes fument du cannabis (il y aurait actuellement en France 4 millions de consommateurs réguliers ou occasionnels, dont une majorité de jeunes). Comme pour l'alcool et le tabac, les adolescents français figurent parmi les plus gros consommateurs d'Europe (avec les Britanniques et les Tchèques). Selon une étude réalisée en 1998 par l'Observatoire français des drogues et des toxicomanies, un lycéen sur deux aurait déjà fumé un joint.

La progression est spectaculaire depuis une dizaine d'années. En 1993, l'enquête effectuée par l'INSERM évaluait à 17 % des garçons et 15 % des filles les adolescents de 16 ans ayant fumé du cannabis au moins une fois dans leur vie. À 17 ans, selon une enquête réalisée en mai 2000 par la Mission interministérielle de lutte contre la toxicomanie, la moitié des garçons et 41 % des filles ont déjà goûté à ce produit. S'agissant de la consommation régulière, la progression est tout aussi spectaculaire : 5 % des garçons et 3 % des filles en 1993, respectivement 15 % et 9 %

en 1999. On estime aujourd'hui qu'un adolescent de 19 ans sur six fume du shit presque tous les jours, c'est-à-dire plus de vingt fois par mois. On n'a donc plus affaire à un usage purement récréatif du produit.

La consommation de cannabis est aussi de plus en plus précoce. Aujourd'hui, les adolescents sont sollicités dès l'âge de 11-12 ans, à leur entrée en 6e. On ne sera pas surpris en conséquence de constater que c'est dans la tranche des 12-15 ans que l'on observe, au cours de ces dernières années, le plus grand nombre d'arrestations pour consommation.

Il semble par ailleurs que cette consommation soit plus importante dans les quartiers favorisés que dans les cités à fort taux de chômage et de précarité.

S'agissant des drogues dures : cocaïne, héroïne, ecstasy, la consommation a doublé depuis 1993. Elle reste toutefois marginale, touchant moins de 3 % des lycéens. L'usage de l'héroïne semble se développer dans certaines *rave parties* et dans les boîtes de nuit.

Ces données traduisent une situation préoccupante, d'autant que les produits toxiques sont souvent additionnés les uns aux autres, créant des états de poly-toxicomanie. On sait par exemple l'association fréquente entre alcool et tabac. Plus on consomme régulièrement l'une de ces substances, plus le risque est grand de consommer l'autre avec la même régularité. On sait encore la conjugaison pouvant exister entre produits licites et produits interdits. La consommation d'une drogue licite multiplie par neuf le risque de consommation d'une drogue illicite, principalement le cannabis. Au total, on estime à 23 % de garçons et 12 % de filles âgés de 17 ans la proportion de « poly-toxicomanes ».

Toutes ces consommations de produits toxiques reflètent un incontestable mal-être de jeunes qui ont de plus en plus de difficulté à s'intégrer et à trouver une place dans cette société. Le système scolaire actuel, la pression autour de l'échec ou de la réussite, les difficultés familiales, le manque de perspectives d'avenir (ajoutées, naturellement, au désir pour certains de faire des expériences comme leurs pairs) peuvent expliquer l'engouement pour ces substances dangereuses, qui offrent l'évasion d'un réel peu encourageant. Les produits toxiques se présentent donc d'abord comme des dérivatifs. Ils sont aussi, c'est hélas ! incontestable, sources de plaisir. On ne saurait oublier, en effet, qu'ils procurent un bienfait immédiat d'apaisement ou d'exaltation.

Les témoignages d'adolescents confirment ces mobiles d'« engagement en toxicomanie ». Il y est bien question de difficultés sociales, d'un quotidien lourd à porter. Fumer (un joint) disent les jeunes, ça permet d'oublier le présent, le stress, ce qui ne va pas. Et puis c'est relaxant, c'est comme une aventure, on atteint l'extase. Bref, c'est un bon « trip ». L'idée de convivialité revient très souvent dans les propos. Fumer, c'est une occasion d'être avec ses potes, de « délirer » ensemble, de « se foutre du monde entier ». Le joint délie les langues. C'est ainsi que se font les premières expériences : en groupe, dans les soirées souvent. On assiste à une véritable « nationalisation » de la prise de ce produit : ruraux, urbains, jeunes des cités, des beaux quartiers, tous sont concernés peu ou prou.

Tout semble avoir commencé au plus fort de la crise économique, dans les années 1975-1982. On observe alors que différents produits, depuis l'alcool et les produits psychotropes jusqu'aux drogues très dures comme l'héroïne, se répandent chez les adolescents des milieux défavorisés. Les réseaux de distribution se multiplient, les actes de délinquance aussi, pour financer cette nouvelle consommation. Vols, agressions enregistrent de fortes hausses ; les « guerres de bandes » se développent elles aussi pour le contrôle de territoires. De ces années-là date le « bizness », le *deal*. Une « nouvelle société » s'installe dans les quartiers en grandes difficultés économiques : c'est le temps des « économies parallèles » dont nous ne sommes plus sortis.

L'ADOLESCENT ET LA SOCIÉTÉ

« Les adolescents s'opposent aux parents et rejettent les adultes. »

Lorsque les grandes personnes approchent,
ils reprennent l'allure d'un autre monde.
Ces grands comédiens savent tout à coup
se hérisser de pointes comme une bête ou
s'armer d'humble douceur comme une plante,
ne divulguant jamais les rites obscurs de leur religion.

Jean Cocteau, *Les Enfants terribles*, 1929

Il est d'usage de dire que l'adolescent a besoin de combattre ses parents pour « renaître » à lui-même, qu'il doit les trouver sur sa route pour s'y opposer et leur montrer « qui il est » vraiment. Le conflit ferait, en somme, partie du passage adolescent.

Partons d'une réalité aisément observable : les attitudes d'opposition et de contestation des adolescents (ou, du moins, de certains d'entre eux) peuvent être à l'origine d'une dégradation du climat familial. Poursuivons par une hypothèse et considérons que cette « crise », pour qualifier l'opposition en question, n'obéit à aucun « déterminisme biologique », qu'il n'y a rien dans la vaste machinerie humaine qui en explique l'apparition. Admettons, pour finir, qu'elle vient par conséquent d'ailleurs et a d'autres causes.

De quoi est-il donc question à l'adolescence ? D'un jeune sujet qui ne veut plus être traité « comme un enfant », c'est-à-dire « gouverné », selon le mot de Rousseau. Normal, non, puisqu'il n'est plus un enfant ? Pas tout à fait normal pour les parents, pour qui le renoncement à l'enfant est souvent un véritable arrachement. Ils ont beau savoir que l'adolescence (qui, pour eux, reste la puberté) va arriver, ils supportent souvent difficilement cette idée – et bientôt le sujet qui vient avec.

Plaçons-nous encore un instant du côté de l'adolescent. La proximité des parents, qu'il recherchait comme enfant, devient soudain une promiscuité, insupportable, qui vient freiner son émancipation. L'adolescent veut désormais prendre de la distance, condition qui lui est nécessaire pour prendre de la hauteur (de vues). Mais il s'agit moins d'une demande de séparation de corps que d'un désir de séparation d'idées (d'avec les parents).

La « naissance » de l'adolescent reste une épreuve traumatisante pour les parents. Tout bascule subitement : l'enfant était malléable, le jeune pubère est indiscipliné, désagréable. Qu'il leur est alors difficile de renoncer à une éducation qui jusque-là opérait sur un individu dont les capacités critiques n'étaient pas encore totalement formées, qui ne pouvait, par conséquent, offrir une réelle résistance aux règles prescrites !

Même dans le cadre supposé stable d'une famille à deux parents cohabitant, même lorsque cette famille se montre ouverte au dialogue, les parents peinent, manifestement, à se situer par rapport à « leurs » adolescents, qui ne veulent plus obéir à « leur » règle par simple habitude. L'adolescence est moins une affaire d'éducation qu'une affaire de relation – de « bonne » relation naturellement. Or, cette relation est à créer, à faire naître, à inventer de toutes pièces.

Ce nouveau rapport familial, que l'on peut appeler « parence », pour bien le distinguer de l'éducation proprement dite (infantile), désigne ainsi le processus par lequel des individus, nommés « parents », réalisent envers d'autres individus, nommés ici « adolescents », une série d'actes de relation et de communication. Ce processus est au-delà de l'éducation. Il suppose, en effet, le bloc éducatif posé. Si tout n'est sans doute pas joué à six ans, selon la formule consacrée, le cadre et le contenu éducatifs sont installés (ou en tout cas devraient l'être). À l'adolescence, il est donc question avant tout d'un jeu de relations. Jeu compliqué avec des partenaires-adversaires ayant des visées antagonistes : autorité d'un côté (parents), autonomie de l'autre (adolescents).

L'installation de cette nouvelle relation entre les uns et les autres suppose un double deuil de l'enfance : de la part de l'adolescent bien sûr (hésitant au début), de la part aussi des parents (résistants, par habitude). N'ont-ils pas oublié qu'éduquer ne consiste pas à maintenir les enfants sous le toit familial, mais à préparer leur sortie dans le monde ? N'ont-ils pas compris qu'il leur appartient d'aider leur progéniture à tordre le cou à cette enfance qui les gêne à présent, de lui permettre de poursuivre son envol vers la vie, ce qui suppose une plus grande autonomie ? Ne suffirait-il pas, en conséquence, pour éviter tensions et oppositions familiales, qu'ils acceptent l'idée du « grandissement » de leurs enfants, qu'ils installent un vrai dialogue avec eux, reconnaissent que, devenus adolescents, ils ont un autre rôle à jouer, d'autres points de vue (différents des leurs) à affirmer ?

Il s'agit là, on l'imagine sans peine, d'une vaste entreprise d'émancipation, qui réactive souvent, chez les parents, leur propre adolescence (avec ses souvenirs heureux ou malheureux) et qui éveille en eux la conscience plus aiguë du temps qui passe, du dynamisme qui s'efface, de la finitude inexorable. Que de tristesses, de nostalgies, de jalousies en œuvre alors !

C'est une crainte généralisée qui s'installe chez les parents. Crainte d'une baisse de leur sexualité, alors que « leur » enfant, lui, est en pleine maturité (donc forme) sexuelle. Crainte du retour (sous la forme de fantasme) des liens incestueux anciens. Aussi longtemps que l'« immaturité » physiologique de l'enfant subsiste, le désir incestueux (inconscient) est en effet caché. Jeux de caresses, câlineries diverses sont pratiqués sans angoisse ou culpabilité, en raison même de cette « immaturité ». C'est tout autre chose à l'adolescence.

Ainsi, devant « l'effacement » de l'enfant, les parents tardent-ils à s'adapter au nouveau venu : l'adolescent. Pas facile, cet être désormais revendicatif de sa propre liberté, qui aspire à faire ses propres choix ! Doté d'une intelligence plus aiguisée, plus multiforme aussi, l'adolescent, c'est certain, entend dorénavant analyser seul les situations qui se présentent à lui.

Inacceptable pour nombre de parents pour qui ces avancées d'autonomie sont perçues comme autant de défaites personnelles. D'où crispations, mauvaise humeur et « tentation autoritaire » de leur part. Et, en retour, de la part des enfants, rébellions, provocations et autres mouvements d'humeur. Lesquels aggravent encore crispations et oppositions parentales. Cycle infernal.

Il est clair qu'au quotidien, l'adolescent reste un enfant aux yeux de ses parents. Vivant sous leur dépendance légale, matérielle, que pourrait-il être d'autre pour eux ? Rejeté, par ailleurs, de la société adulte qui ne lui offre guère le loisir d'y exprimer ses idées, il est un mineur, rien de plus.

Ce que dissimule, par conséquent, l'idée de « crise d'adolescence », c'est la réalité de rapports de pouvoirs exprimés par les parents et devenus insupportables aux adolescents. Norbert Elias disait « qu'entre parents et enfants il s'agissait toujours d'épreuves de force, centrées généralement autour des problèmes suivants : lequel des deux a le plus besoin de l'autre ? (...) Qui est le plus dépendant de l'autre et, par conséquent, le plus soumis à l'autre ? Qui possède la plus grande marge de pouvoir et peut ainsi davantage manipuler l'autre, diminuer ses fonctions ou même l'en dessaisir ? » (Norbert Elias, *Qu'est-ce que la sociologie ?*, 1970)

La dénomination de crise d'adolescence par les parents, c'est bien le moyen pour eux, alors en trouble de maturité, de projeter sur leur enfant ce trouble et, dans le même temps, d'en attribuer la cause à l'adolescent lui-même. Ainsi s'opère malicieusement un transfert de crises. *Exit* « la crise du milieu de la vie », vive la crise d'adolescence !

Ce mauvais tour joué aux adolescents est d'autant plus facile à réaliser que ce sont eux, les adultes, qui nomment les choses (et donc les crises à retenir, celles à éliminer), pas leurs enfants.

Puisque l'esprit du temps est celui de la liberté et de l'égalité, la nouvelle donne est la suivante : l'ancien régime familial autoritaire, voire autocratique, n'a plus cours légal. Les règles parentales ne peuvent plus s'imposer d'en haut comme au temps jadis. Les injonctions n'opèrent plus. Place aux expérimentations adolescentes.

Insupportable encore pour des parents, affaiblis par ailleurs dans leurs capacités de transmission, non seulement de valeurs et de principes, mais aussi de savoirs, voire d'expériences. Situation, on le comprend aisément, qui peut générer un fort sentiment d'impuissance, et donc d'agacement, et bientôt, d'agressivité.

Bref, face aux adolescents devenus « rois », les parents se sentent bien « déchus ».

Est-ce à dire que les adolescents, à la lumière de leurs différends avec leurs parents, sont dans une logique de rejet des adultes ? Rien n'est moins sûr. Il semble au contraire qu'ils aient ici de fortes attentes à leur égard. Autant admettre qu'ils ont un réel désir de leur présence. Mais il est vrai qu'ils assortissent ce désir de conditions, que l'on pourrait résumer par la formule suivante : « Qui je veux, quand je veux, où je veux. »

L'adulte recherché est assurément d'abord une personne de proximité, qui sait écouter, faire confiance, soutenir (au double sens moral et financier, pour l'aide à la réalisation de projets personnels, par exemple). C'est aussi quelqu'un qui accepte le partage des idées, qui n'est pas tout-puissant, écrasant, mais conseillant, guidant. Qui donne une lecture du monde, fait part de ses convictions de vie. Un adulte qui dit avant tout qui il est, ce à quoi il croit. Qui dit au besoin ses faiblesses, lesquelles, au final, le grandissent aux yeux des adolescents.

« Les adolescents sont des idéalistes qui rêvent de changer le monde. »

L'adolescence est un âge de candeur,
de courage et de dévouement souvent déraisonnable,
toujours sincère et spontané.

George Sand, *Histoire de ma vie*, 1854-1855

« Le jeune homme, écrit Paul Nizan, est le seul être qui ait le cœur de tout exiger et de se croire volé s'il n'a pas tout. Plus tard, il n'y aura plus que des contrats, des échanges. » (*La Conspiration*, 1938) Le désir d'absolu évoqué dans ces lignes est-il bien réel ? Nizan ne le croit guère et écrit encore : « Pour que les jeunes gens se tiennent tranquilles, les hommes de 40 ans leur racontent que la jeunesse est le temps des surprises, des découvertes et des grandes rencontres. » (*Ibid*)

Ce qui est certain, c'est que les adolescents actuels ne sont pas des rebelles. Du moins, ils n'affichent pas d'idées subversives. Les temps ont changé, les idéologies ont disparu, d'autres mœurs juvéniles ont surgi. Les adolescents de 2002 ne s'interrogent plus pour savoir à quel –isme ils appartiennent : socialisme, communisme, libéralisme. Ils ne rêvent plus comme les jeunes héros de Nizan de conspiration et de révolution. Ils sont ailleurs, dans l'éclectisme peut-être, et pour longtemps sans doute.

Malgré ses imperfections, ils n'en veulent pas à cette société qui les gouverne ; malgré leurs défaillances, ils ne s'insurgent pas, comme jadis, contre les adultes qui les dirigent. Ils n'aspirent pas à refaire la planète dont, nous le verrons, ils savent à l'occasion souligner les injustices.

Pourtant, les adolescents ont du cœur. Se dire généreux, solidaire, respectueux, tolérant…, ferait d'ailleurs partie de « l'étayage pubertaire ». Rousseau disait que l'adolescence n'était l'âge ni de la vengeance, ni de la haine, mais celui de la commisération, de la clémence et de la générosité. Ces aspirations à s'élever permettraient « de sublimer le trouble instinctuel, la perte des idéaux enfantins, la révélation d'une réalité concrète dépourvue de qualités exaltantes » (R. et D. Laplane, G. Lasfargues, *La Puberté*, 1971). Bref, les tendances idéalistes seraient en quelque sorte inhérentes à l'adolescence. Mieux : ce qui distinguerait essentiellement l'adolescent de l'enfant serait sa capacité à s'abstraire du présent, à anticiper l'avenir, en le parant des vertus de l'utopie. L'adolescent, en somme, construirait des systèmes et s'enivrerait de théories. « À 15 ans, disait Maxime du Camp, on ne doute de rien. » (*Mémoires d'un suicidé*, 1853)

Ce discours « positif » (relayé par les romanciers), qui permet parallèlement de doter l'adolescent d'une « bonne » identité, nous le retrouvons donc dans nombre de sondages et d'études. Ainsi, les adolescents disent-ils croire beaucoup à l'amour, à l'amitié, à la fidélité (mais peu à la religion ou à la politique). Ils étonnent même parfois – quand ils n'inquiètent pas ! – par des engagements sentimentaux précoces et durables.

Ils affirment par ailleurs des principes, des grands, qui sont républicains : liberté, égalité, solidarité. Principes fondamentaux qui donnent sens à l'existence (leur existence), principes indissociables. Liberté dans laquelle ils ont été élevés et qui leur est « naturelle ». Égalité (au moins celle des droits et des chances) qui, lorsqu'elle vient à être bafouée, suscite de leur part indignation et protestation (nombre de mouvements lycéens naissent, on le sait, d'une violation, ou d'un sentiment de violation, de ce principe). Solidarité enfin qu'ils savent exprimer à l'occasion ou dans leur vie quotidienne.

Qu'en est-il concrètement de tous ces sentiments ? Certains s'expriment, d'autres pas. Les adolescents peuvent s'engager au service de multiples causes. Ils peuvent aussi se montrer peu serviables et même franchement égoïstes. En somme ne sont-ils pas à notre image (d'adultes), à la fois purs et impurs, responsables et individualistes ?

Les adolescents ont, dans l'ensemble, un regard assez désabusé sur le monde et ne croient plus guère qu'on puisse le bouleverser. Comme le dit l'écrivain-chanteur Yves Simon : « Ils ont rangé dans les armoires de l'histoire la volonté de le changer et abandonnent l'universel pour des territoires à leur mesure, ceux où se portent leurs yeux et leur cœur. » D'ailleurs, ils manifestent une grande méfiance, sinon une franche hostilité, envers tous ceux qui ont quelques clés du changement : les hommes politiques, les chefs d'entreprise (qu'ils trouvent peu accueillants en général), l'Église (même si beaucoup d'entre eux admirent le pape Jean-Paul II et la force de ses convictions).

L'adolescent moderne ne cède donc plus aux délices des utopies, ne s'enivre plus de théories. Comme l'enfant, dont il ne se distingue plus, il se laisse absorber par le présent, le concret. Il ne rêve plus d'un monde parfait. Il souhaite seulement que le monde actuel soit plus juste, plus équitable. « J'ai la volonté, dit une jeune fille, de vivre dans une France plus juste, où chacun aurait les mêmes droits, où les libertés individuelles seraient mieux protégées. » « L'insécurité est partout, dit encore ce garçon de

15 ans : dans les banlieues, en famille, à l'école. Il faut restaurer la tolérance. »

Cette société dure, impitoyable, ne laisse plus à l'adolescent le temps de rêver, ou plutôt ses rêves sont devenus « raisonnables », des rêves que l'on aurait considérés « petit-bourgeois » à l'époque des événements de 1968. Ses projets sont clairs : fonder une famille, avoir des enfants, un « bon » boulot c'est-à-dire intéressant, gratifiant et vivre en sécurité. En résumé, il fait le choix d'une situation stable et moralement convenable.

On ne sera donc pas surpris que, parmi les valeurs les plus souvent citées, la famille soit littéralement plébiscitée.

Les adolescents actuels, même s'ils ne l'expriment pas toujours avec des mots, sont pourtant en quête d'un idéal, d'autres orientations sociales et collectives, d'un système cohérent d'idées qui dessine l'image d'un univers réhumanisé ; ils ne sont pas dupes de la marchandisation qui se présente comme une nouvelle idéologie totalitaire. Ils ont besoin de s'inscrire dans une perspective historique, de « s'ancrer au social », de contribuer, avec leurs idées, leur personnalité, à la renaissance d'un monde plus généreux, plus solidaire, où ils puissent réaliser leurs ambitions. Ils veulent, à l'image de Marcellin, 18 ans, pouvoir rêver à nouveau. Et le jeune homme d'interpeller durement les responsables politiques : « Vous avez créé une société de consommation, de confort et de luxe (…) Ainsi vous avez proposé le bonheur pour tous à bas prix. À l'instar de *L'Enfant* de Victor Hugo, vous avez brisé nos rêves, notre innocence et notre candeur (…) Vous avez créé une société de rêve qui s'est avérée cauchemardesque pour nous. »

« Les adolescents sont violents, et parfois criminels. »

On se focalise sur les jeunes ;
or il faut savoir que quatre actes délinquants sur cinq
sont dus à des individus majeurs.

Jean-Pierre Rosenczveig,
président du tribunal pour enfants de Bobigny

Adolescence-violence. S'agit-il ici de parler d'un état de nature qui voudrait l'adolescence violente ? Certains spécialistes, nous l'avons vu, évoquent la « violence pubertaire », d'autres une « crise d'adolescence ». Pourquoi pas ? Mais de quelle violence voulons-nous parler exactement ? De la violence subie ? De la violence commise ? Les deux existent, on le sait, dans le monde adolescent – comme dans les autres mondes au demeurant.

Nous avons déjà parlé de certaines violences subies, celles que le sujet s'inflige à lui-même (automutilations, suicides). Il y a aussi celles que d'autres individus, adolescents ou non, lui infligent (il faut ici rappeler que les premières victimes des violences des adolescents sont les adolescents). Ce sont des violences personnelles. Nous allons aborder à présent les violences commises, ce qui va nous ramener, au moment de l'examen des causes, à d'autres violences subies, sociales et institutionnelles, tues ou sous-estimées.

Les adolescents ont assurément mauvaise réputation, ceux des cités plus spécialement, qu'on nous présente comme des « sauvageons », casseurs, voleurs, violeurs quelquefois. Que nous disent les statistiques ? Elles font effectivement état d'une montée en puissance de la délinquance juvénile. Entre 1994 et 1998, les condamnations de mineurs ont triplé : 1 063 chez les moins de 13 ans, 13 852 chez les 13 à 16 ans et 17 908 chez les 16 à 18 ans en 1998, contre respectivement 862, 9 245 et 7 029 en 1994. En 1999, 126 481 adolescents de 10-18 ans ont été interpellés par la police. Les statistiques officielles du ministère de l'Intérieur pour l'année 2001 indiquent que le nombre global des mineurs mis en cause s'est élevé à 177 010.

Plusieurs phénomènes ne manquent pas d'inquiéter : d'une part le rajeunissement des auteurs de violences (selon des estimations établies par la direction centrale de la sécurité publique, si le nombre de mineurs mis en cause est en diminution dans la tranche des 15-17 ans et stable dans celle des 13-15 ans, celui des moins de 13 ans est en augmentation) ; d'autre part, une certaine féminisation, attestée par exemple par le développement de bandes d'adolescentes. Une radicalisation enfin de cette violence est partout observée. On peut tuer aujourd'hui pour presque rien : une cigarette refusée, un mauvais regard (ou jugé tel).

Il faut signaler en outre une montée des violences et agressions sexuelles, principalement commises par des adolescents sur d'autres adolescents, des viols collectifs notamment. En 1998, la police a arrêté 994 mineurs accusés de viols sur d'autres mineurs et 314 garçons de moins de 18 ans, dont 33 de moins de 13 ans, ont été condamnés pour viols collectifs, soit quatre fois plus qu'en 1987. L'actualité regorge ainsi d'histoires de « tournantes », un phénomène que l'on peut difficilement quantifier, mais qui existe bel et bien. Une indication tout de même : au parquet de Bobigny, on en signale chaque année une vingtaine. Mais combien d'autres jamais révélées, par peur, honte ? Les « tournantes » existent en réalité dans toutes les couches sociales, même si l'on parle plus facilement de celles qui ont lieu dans les caves des cités. Il y a pourtant des filles abusées dans les *raves* ou les soirées branchées du 16e arrondissement de Paris. Les violences sexuelles sont aussi présentes en milieu scolaire : 576 attouchements, tentatives de viol ou viols ont été identifiés en 1998, selon un rapport de l'Éducation nationale non rendu public. Mais là encore, combien d'élèves concernés ayant choisi de se taire ?

En dépit de cette montée d'une délinquance sexuelle, les infractions les plus courantes se commettent contre les biens. Le vol reste assurément la forme de délinquance la plus fréquente à l'adolescence. C'est d'abord le vol des véhicules à moteur (deux-roues, du type scooter, le plus souvent), qui représente environ le quart des délits. Ensuite le vol dans les magasins, plus particulièrement dans les grandes surfaces, qui semble plus le fait des adolescents des milieux défavorisés que de ceux des beaux quartiers, plus des filles que des garçons – ces derniers, grâce à toutes sortes de petits trafics, arrivent généralement dans les magasins de l'argent plein les poches. Il est difficile de quantifier ce type de délits, tous ne faisant pas l'objet de poursuites judiciaires. Les objets volés sont de préférence des vêtements de marque, des CD ou du matériel *hi-fi*, objets qu'ils peuvent également obtenir par *racket*.

Nombre d'adolescents peinent aujourd'hui à distinguer le permis et l'interdit ; ils n'ont plus une juste appréciation de la gravité de certains de leurs comportements, ont du mal à considérer qu'un viol est davantage qu'un « jeu » qui a mal tourné, que c'est une atteinte majeure à l'intégrité physique et morale d'une personne, sanctionnable par la loi. Face à cette montée de la délinquance juvénile, certaines voix (politiques) s'élèvent et préconisent d'abaisser de 13 à 10 ans l'âge minimum d'incarcération des mineurs. D'autres suggèrent et mettent en application des mesures telles que le « couvre-feu », interdisant aux enfants de moins de 13 ans de circuler seuls la nuit dans certains quartiers.

Pourquoi les adolescents sont-ils violents, criminels quelquefois ? Au XIXe siècle, les criminologues disaient qu'il existait des « criminels-nés », et que plus généralement les adolescents avaient « le goût du viol et du sang ». Ils ne le disent plus beaucoup aujourd'hui. Ils prétendaient encore que la criminalité était un choix personnel, qu'on entrait en délinquance comme d'autres en religion. Cette thèse est toujours à la mode. On serait donc responsable de ses actes. Du libre arbitre, rien que du libre arbitre, nul déterminisme. Aucune considération pour des circonstances sociales ou culturelles pouvant prédisposer au « crime ».

Réhabilitons cette dernière approche quelque peu oubliée et regardons si les causes de la violence que certains situent dans le corps et l'âme adolescents ne se trouveraient pas aussi dans le corps social. Demandons-nous si la violence des adolescents ne serait pas en partie (voire très largement) le résultat d'une violence exercée sur eux, qui serait de nature sociale. En d'autres termes, demandons-nous si les adolescents ne seraient pas violents également parce que la société est violente, délinquants parce que l'exclusion est partout ?

Qu'entendons-nous précisément par « violences sociales » ? Ce sont celles imputables à l'État ou aux grandes instances de socialisation qui agissent en son nom : l'école, la famille (auxquelles on pourrait ajouter l'entreprise pour les jeunes gens et jeunes filles plus âgés).

Échec et pression scolaires, ne sont-ce pas là, en effet, violence de l'école sur ses usagers ? Pierre Bourdieu l'a dit il y a longtemps déjà. Les discours politiques qui se veulent rassurants ne changent rien à cette réalité : l'école de la République demeure élitiste à souhait. D'abord elle continue à produire de l'échec en masse (entre 50 000 et 70 000 élèves sortent chaque année du système sans formation ni diplôme). Ensuite – non moins inquiétant –, par des programmes lourds et des emplois du temps surchargés, elle exerce une formidable pression sur ses meilleurs éléments.

Habitat dégradé et excentré, n'est-ce pas là violence de la ville, ou plutôt de la « non-ville » sur ses habitants ? Comment supporter un ghetto non désiré ? Vivre dans des conditions non choisies ?

Sur le continent adolescent, les inégalités sociales demeurent, fortes, durables. Devant l'école, le travail, les loisirs eux-mêmes, elles sont là, imperturbables. Alors les plus déshérités, ceux des cités, la rage au cœur, s'emportent contre pareille injustice. À cette violence sociale, ils répondent par des violences individuelles ou de groupe, parfois des violences spontanées ou organisées (faiblement) dans le cadre de bandes.

Il n'existe pas, quoi qu'on prétende, de violence gratuite, de violence incompréhensible qui serait dépourvue d'intention. Par l'action – « la communication des pauvres » – ces adolescents-là nous signifient la douleur de leur condition, son caractère insupportable, l'indignité d'une société qui les laisse sur le bord du chemin. Il s'agit d'une violence de désespérés qui estiment n'avoir plus rien à perdre. N'en tirons pas la conséquence que les adolescents d'ailleurs, ceux des « beaux quartiers » sont sans taches. Les violences contre les biens, contre les personnes, les violences sexuelles, nous le savons, les concernent aussi.

Dernière violence sociale : celle de la famille. Et nous ne songeons pas ici seulement à toutes les maltraitances parentales dont parlent quotidiennement les médias. Nous faisons référence à ces autres abus que sont le manque ou l'insuffisance d'éducation, ou bien à l'opposé, l'excès de pouvoir et d'autorité au nom même de la loi.

Adolescence-violence : il n'y a pas de fatalité, pas de nécessité non plus. On ne naît pas « sauvageons » !

« Les adolescents ne pensent qu'à consommer. »

Depuis le CP, je ne mets que des **Nike**...
Les chaussures c'est super important.
Si t'as pas la virgule **(le logo de** *Nike*),
c'est la honte. T'as l'air pouilleux.

Romain, 8 ans, Paris

Hormis la musique, le sport ou les copains, les adolescents ne s'intéresseraient à rien. Pardon, hormis l'argent, les 10-17 ans (et au-delà) n'auraient aucun véritable centre d'intérêt.

De l'argent, les adolescents en veulent, comme tout un chacun. Par conséquent, ils en ont (plus ou moins selon le milieu social – les groupes fortunés n'étant pas, à cet égard, toujours les plus généreux). Le paradoxe est bien là, s'ils ne disposent pas de revenus (ils ne travaillent pas), garçons et filles ne manquent pas de moyens monétaires. On estime qu'en France le pouvoir d'achat des 7-12 ans s'élève à 1,83 milliard d'euros, celui des filles de 9 à 15 ans à 850 millions d'euros, globalement celui des 12-20 ans à 3 milliards d'euros (chiffre en progression de 35 % depuis cinq ans). Entre 11 ans et 17 ans, selon les chiffres de l'Institut de l'enfant, la somme d'argent *de* poche s'élève à 720 millions d'euros et d'argent *en* poche à 3,3 milliards d'euros (argent de poche proprement dit, plus les étrennes et autres « récompenses » financières reçues tout au long de l'année). Au total, si l'on considère le montant des achats impulsés par les adolescents, on atteint le chiffre faramineux de

91,5 milliards d'euros. Notons que les enfants de 4 à 10 ans disposent déjà de 610 millions d'euros d'argent en poche.

Les adolescents reçoivent de l'argent de leurs parents (une manière pour eux parfois d'avoir la paix familiale ou de compenser une trop faible disponibilité) ; de leurs grands-parents ; aux anniversaires ; à Noël ; durant leurs grandes vacances. À l'argent de poche versé chaque semaine ou chaque mois, selon les habitudes familiales, les parents ajoutent de l'argent pour un bon carnet scolaire, un passage en classe supérieure, un service rendu à la maison, à tel point que l'argent disponible est souvent de quatre à cinq fois supérieur au seul argent de poche. Les adolescents les mieux lotis peuvent ainsi disposer de plusieurs dizaines d'euros par mois. En moyenne, un adolescent de 14-17 ans dispose de 30 euros mensuels.

Bien entendu, il se trouve certains adolescents sans argent. Alors il faut se débrouiller. Certains font des petits boulots ; ainsi la moitié environ des adolescentes font du *baby-sitting* (on trouve 10 % de garçons) et 37 % travaillent occasionnellement dans des boutiques ; d'autres un peu de « bizness » (qui peut rapporter gros, quand on se fait *dealer* par exemple). Objets convoités : le matériel *hi-fi*, les vêtements, les deux-roues de type scooter et les téléphones portables. Il existe pour ce produit un véritable marché parallèle. En France, un portable est volé toutes les demi-heures. Dans la capitale, le vol de téléphone mobile représente ainsi 5 à 6 % de la délinquance et 25 % des vols avec violence. Une fois l'appareil dérobé, le voleur peut y glisser sa propre carte SIM ou bien le revendre entre 30 et 150 euros selon la qualité de l'appareil.

Notre société rend un véritable culte à l'argent. Elle apprend très vite aux enfants que, sans lui, le « citoyen » n'a aucune valeur sociale. Le monde adolescent est ainsi l'objet de toutes les convoitises commerciales (et plus encore celui des enfants, devenu cible privilégiée). Faut-il ici rappeler que la classe des *teenagers* est née aux États-Unis, à la fin de la Seconde Guerre mondiale, pour des raisons essentiellement économiques, qu'il s'agissait alors de conquérir ce public nouveau de consommateurs ?

Par la grâce de l'économie de marché, les adolescents sont devenus d'importants et d'excellents consommateurs. Les banques les courtisent très tôt par toutes sortes de dispositifs : carte bancaire, livret-jeune (accessible à partir de 12 ans). En 1983, le CIC lançait la première campagne sur le thème démagogique : « Majeur à 13 ans ». La course aux adolescents était lancée ! Le CIC (Île-de-France) offre aujourd'hui aux adolescents de la région parisienne ayant obtenu la mention TB au bac une prime de 150 euros, un voyage, une exonération des frais bancaires et des places de spectacle, lorsqu'ils ouvrent un compte. Partant du principe que les petits comptes d'aujourd'hui feront les gros comptes de demain, les banques rivalisent d'ingéniosité commerciale pour séduire leur jeune clientèle, à qui elles proposent toutes sortes de formules pour placer son argent. C'est ce que certains spécialistes nomment la « bancarisation » de la jeunesse. On peut dire à cet égard que la promotion de l'adolescence est réalisée, non par le droit de voter (à 18 ans), mais par celui de consommer (dès l'enfance).

Tout pousse en réalité à une consommation précoce ; les commerçants ont découvert que l'enfance représentait un formidable marché à conquérir. « D'ici à deux-trois ans, observait récemment un responsable commercial, les fillettes de 6 ans auront les mêmes comportements vestimentaires que leurs sœurs de 15 ans. » D'ores et déjà, les très jeunes enfants s'habillent « plus grands », les bébés portent des grenouillères fuchsia, les petits garçons des pantalons militaires et les petites filles des jupes *Kookaï*. Selon les professionnels, près de 90 % des mamans achètent des marques pour leurs chérubins. Plus de la moitié des 4-7 ans choisissent eux-mêmes leurs vêtements et environ les trois quarts des 11-15 ans. Alors les grandes enseignes commerciales aménagent des espaces particuliers pour ce nouveau public jadis en culottes courtes ou en jupes fantaisie. Espaces où ces enfants qui ne veulent plus en être ont le loisir de faire leur choix dans des cabines d'essayage particulières, tout en jouant avec la peluche déposée sur quelque étagère, une fois sortis de leur cabine.

Nous l'avons dit, être à la mode est une préoccupation constante des adolescents, petits ou grands, préoccupation bien comprise par les commerçants et parfaitement relayée par les médias. Cette obligation, qui passe par les marques, est coûteuse : chaussures de sport à 120 ou 140 euros, scooter à 1 500 euros, cédéroms à 50 euros, CD à 15 euros... Pour les plus petits, il faut déjà compter entre 30 et 45 euros pour un pantalon ou une robe.

Dans un monde dominé par l'argent, on *est* d'abord ce que l'on a. C'est bien l'argent qui permet d'être, qui fournit une identité. Les biens matériels sont ainsi incontournables ; ceux qui n'ont rien ne sont rien, n'ont pas d'identité. Il faut absolument avoir, au besoin en prenant (par la force ou la ruse). Prendre ce qu'on veut quand on veut, c'est d'un seul coup devenir quelqu'un.

« Les adolescents se désintéressent de la vie publique. »

J'ai l'impression que j'ai tellement à donner
et j'ai tellement envie d'aider les autres,
d'être utile dans la société.

Témoignage recueilli lors de la
Consultation nationale des jeunes, 1994

On dit parfois que les adolescents n'ont aucun goût pour la chose publique (et que de toute façon ils n'ont pas suffisamment de maturité pour être de vrais acteurs dans la Cité). C'est ainsi qu'on dessine deux catégories de citoyens, départagés selon l'âge : les citoyens *actifs* (les adultes) d'un côté et les citoyens *passifs* (les adolescents et les personnes très âgées) de l'autre.

Cela est faux. Les adolescents, attachés aux principes républicains, se désintéressent, non pas tant de la vie publique que de l'univers politicien (une constante depuis un demi-siècle, qu'on retrouve dans tous les sondages et toutes les études). Garçons et filles manifestent à cet égard beaucoup de méfiance sinon d'hostilité envers la classe politique qu'ils soupçonnent – à juste titre si on en juge d'après l'actualité – de manquer à ses devoirs, d'être coupée des réalités quotidiennes, des préoccupations des Français… et dont 70 % disent ne pas comprendre le langage ! Plus des trois quarts des collégiens et lycéens estiment ainsi ne pas porter attention du tout ou « plutôt pas » à la politique (au sens politicien du terme), les filles encore moins que les garçons. D'ailleurs, dans les mêmes proportions, les adolescents reconnaissent n'en discuter ni avec leurs parents, ni avec leurs professeurs. En somme, plus aucune institution ne leur enseignant les mécanismes sociaux et politiques, comment pourraient-ils s'y intéresser, puisqu'ils n'en ont pas la maîtrise ?

En conséquence, près de la moitié d'entre eux affirment ne pas se situer sur l'échiquier gauche-droite. Selon un sondage réalisé en mai 2001 pour *Amnesty International* et l'hebdomadaire *Les Clés de l'actualité*, les partis politiques ne les séduisent guère. Ce sont les Verts (12 %), le PS (10 %) et le RPR (5 %) dont ils se sentent le plus proches. Si la plupart des adolescents interrogés jugent les hommes politiques utiles au bon fonctionnement de la démocratie, 82 % (voire 88 % chez les 13 ans) estiment qu'ils ne sont pas à l'écoute des jeunes. Ajoutons une fréquente non-inscription des jeunes de 18 ans sur les listes électorales (un quart environ) et une participation moyenne aux consultations électorales. Ainsi 30 % des 18-19 ans n'ont-ils pas voté à l'élection présidentielle de 1995.

Les adolescents ne demandent pourtant qu'à s'engager. Ils le font d'ailleurs déjà pour défendre leurs intérêts, lorsqu'ils sont menacés. Il n'y a pas à cet égard, de leur part, recul de l'action collective, bien au contraire. Les mouvements lycéens et étudiants ont interpellé et remis en cause les divers gouvernements de gauche et de droite ces quinze dernières années, obtenant, à chaque fois, satisfaction de leurs revendications (en terme notamment d'amélioration des conditions d'études). Aussi ne sera-t-on pas surpris d'apprendre que près de la moitié des garçons et filles de 17 ans ont participé à une manifestation au cours des deux dernières années. Si l'on ajoute les pétitions, les dons à des associations ou à des journaux lycéens, ce sont 60 % qui se sont mobilisés durant cette période.

Ce qu'il faut noter cependant, c'est que cette action politique s'établit aujourd'hui sur des bases plus souples que jadis. Les « coordinations » prennent le pas sur les organisations « syndicales » traditionnelles lycéennes, qui ne séduisent plus guère. Pour beaucoup, en effet, il y a la peur d'être « récupéré ». Alors le choix des adolescents se porte sur des thématiques fortes, fédératrices parce que concrètes : défense des sans-papiers, des sans-logements ; lutte contre le racisme sous toutes ses formes et partout : sur le lieu de travail, les lieux de loisirs (une attitude qui suscite toujours de fortes mobilisations) ; rejet des inégalités sociales, de la dictature dans le monde. « Les adultes, dit une jeune lycéenne, ne montrent aux jeunes que l'exemple de la désolation, de l'égoïsme, de l'argent-roi et du sexe à tout va. » « La France, en tant que pays des droits de l'homme, ajoute Thomas, 15 ans, n'a pas le droit de soutenir des régimes qui violent ces droits, pour des raisons économiques. En fait, les raisons humaines doivent prévaloir sur les raisons économiques, c'est logique, je trouve. »

Malgré de lourds emplois du temps scolaire, certains « jeunes » parviennent pourtant à s'engager concrètement, mais c'est de l'engagement « à la carte », ponctuel (ce qui distingue l'engagement du militantisme d'autrefois qui s'inscrivait, lui, pour une longue durée, voire pour une vie entière).

L'individu « engagé » entend garder le contrôle de son action, rester souverain de ses engagements, comme Romain, 14 ans, qui a choisi la Croix-Rouge où il accomplit des tâches précises : triage de vêtements, remplissage de sacs de nourriture… D'autres décident de siéger dans un conseil municipal d'enfants (il en existe en France environ un millier aujourd'hui) où ils transmettent aux élus leurs idées, leurs projets, leurs aspirations.

Mais ces « engagés » sont peu nombreux : selon des chiffres partiels, moins de 12 % des adolescents de 14 ans sont membres d'un groupe ou d'une association (sport excepté).

Il n'en reste pas moins que, dans leur grande majorité, les adolescents aimeraient donner davantage de leur temps pour une « bonne » cause, qu'elle relève de la solidarité de quartier ou de l'action humanitaire à l'étranger. Car ces garçons et filles sont prêts pour toutes les causes de « proximité », pour réaliser toutes sortes de projets pourvu qu'ils soient concrets et limités, tant dans leur ambition que dans le temps.

Aujourd'hui, deux jeunes de 15-25 ans sur trois se déclarent prêts à assumer des responsabilités dans leur commune ; 80 % estiment à cet égard que les associations sont « un bon moyen pour agir ». La moitié de ces mêmes jeunes sont favorables à la création d'une commission de jeunes dans chaque municipalité et près des deux tiers préconisent une consultation régulière des jeunes au plan local, sur les questions qui les concernent.

La réalité est plus sombre, les adolescents tardent à se voir reconnaître de vrais rôles sociaux. Disons, à ce sujet, qu'ils en ont assez qu'on veuille à tout prix les « responsabiliser » (ce qui dans la bouche de l'adulte signifie d'abord « assumer des devoirs »), ils veulent se voir confier des responsabilités concrètes dont ils puissent voir les bénéfices rapidement. « Je sens, déclare Maxime, 16 ans (en école hôtelière), que j'ai besoin de prendre des responsabilités, et j'ai déjà quelques expériences vécues (délégué de classe, délégué de mon collège, représentant des jeunes de ma ville). »

Pour le reste, même s'ils ne se mobilisent pas massivement pour elles, ils se montrent intéressés par les grandes questions qui agitent la planète (sans en comprendre toujours les enjeux ; ils disent manquer d'informations à cet égard). Selon le sondage de mai 2001, trois adolescents sur quatre se sentent très concernés par les droits de l'homme. Conséquence : un engagement parfois. Ainsi, de plus en plus de clubs des droits de l'homme s'ouvrent dans les collèges et les lycées.

Exigeants, les 13-17 ans se chargent ainsi de rappeler aux adultes ce que « violation des droits humains » signifie. Leur conception est large. 86 % y englobent les ventes d'armes à des dictatures, 78 % les propos racistes. Sont aussi visées la surpopulation des prisons, l'inégalité au travail entre les hommes et les femmes, etc. Ce qui permet de dire à 61 % des adolescents interrogés que les atteintes aux droits de l'homme en France sont encore trop fréquentes : droit d'asile bafoué, bavures policières, conditions de détention contraires à la dignité humaine, toutes ces situations les révoltent.

On peut dire qu'aujourd'hui la véritable attente des adolescents est moins l'écoute des adultes que leur soutien. Ils désirent avant tout qu'on reconnaisse et qu'on accompagne leurs initiatives et leurs projets. Ils souhaitent qu'on fasse « avec » eux et non « à leur place ». Ils veulent de la confiance, ne plus être traités comme des « gamins ». Ils seront citoyens *actifs* si on leur en donne les moyens.

Cette génération est en réalité coincée entre désir de solidarité et individualisme forcené. D'un côté, il y a la parole généreuse de l'engagement, de l'autre, la contrainte de la vie scolaire. Comment aider son prochain, comment trouver l'énergie pour le service des autres quand tout pousse au quotidien à la défense de sa propre condition ?

Les adolescents sont devenus au fil des ans, nous le savons à présent, de gros consommateurs de biens en tous genres et d'activités multiples : ludiques, sportives, musicales… Ils ont de l'argent pour cela, et de plus en plus jeunes, nous l'avons vu. Ils disposent donc d'une « autonomie commerciale ». Mais peut-on réellement parler de « liberté » quand on sait que ce pouvoir est contraint, que le choix de consommer ou non n'existe pas ?

Non. En dépit des discours politiques, en dépit même de la loi (internationale) qu'est en l'espèce la Convention internationale des droits de l'enfant, signée et ratifiée par la France, les adolescents, quoique parfaitement aptes à disposer de leur personne, ne disposent guère des droits conférés par ce texte solennel : de réunion, d'association, d'expression, d'intimité… On peut dire par conséquent qu'ils sont maintenus artificiellement sous tutelle. Autant dire que les adolescents ne trouvent pas réellement de place dans cette société qui reconnaît pourtant les aimer, qu'ils n'ont pas de statut reconnu et demeurent « socialement » irresponsables, en situation d'incapacité politique et de capacité juridique très réduite.

Bien sûr, il y a pour eux des « seuils » de droits, définis par âges. Citons-en quelques-uns : à 10 ans, l'accès à la place passager avant en voiture ; à 12, l'accès à certains films de cinéma, à diverses cartes-jeunes ; à 13, l'accès au compte bancaire ; à 14, le droit de conduire un cyclomoteur ; à 15, la possibilité de mariage pour les filles, la reconnaissance du statut adulte sur le plan médical, la majorité sexuelle, le droit de piloter un avion de tourisme ; à 16, le dégagement de l'obligation scolaire, le droit de signer un contrat de travail, mais aussi la possibilité d'aller en prison, l'accès aux boissons alcoolisées, à la conduite automobile accompagnée ; à 17, la possibilité de passer le BAFA (Brevet d'aptitude aux fonctions d'animateur), etc. Mais tous ces seuils ne forment pas le « droit de l'adolescence ». Les adolescents demeurent des mineurs sociaux au nom de leur incapacité juridique.

Nous pensons qu'il n'est pas sûr, par conséquent, que l'adolescence sociale et culturelle dont nous avons abondamment parlé dans cet ouvrage, soit un signe de « bonne santé » sociale. Comme le disait Erik Erikson, la crise de la jeunesse, c'est aussi le signe de « la crise de la santé idéologique de la société ». L'existence de cet âge de la vie semble donc d'abord traduire une inaptitude fondamentale de nos sociétés modernes (occidentales) à accueillir les jeunes générations en leur sein, à les admettre dans le monde adulte, à les faire entrer à leur tour dans la démocratie participative. Celle-ci suppose bien, en effet, la participation de tous, sans considération de sexe ou d'âge ; elle suppose bien la liberté et la responsabilité de tous les citoyens.

En tout état de cause, un siècle et demi après son invention, l'adolescence reste un état de dépendance institutionnelle, une sorte de « *no man's land* social », selon la formule de Bourdieu. Les adolescents sont dans l'impasse sociale et ils y sont aujourd'hui d'autant plus solidement amarrés qu'ont disparu ces rites qui leur permettaient d'accéder à l'âge adulte. Aucune situation, en effet, ne trace actuellement une ligne de démarcation nette entre l'adolescence et l'âge adulte :

ni le baccalauréat, ni la majorité civile, ni la mise en couple ou au travail (souvent précaire). Tous ces événements qui, jadis, marquaient des temps forts dans le cycle de vie ont perdu progressivement leur efficacité. Les rites de passage ont été remplacés par une expérimentation personnelle permanente. Il n'y a plus avec la modernité que des actes singuliers, qui n'ont de valeur que pour ceux qui s'y soumettent et qui, une fois accomplis, n'ont en rien modifié la situation des intéressés. Situation de marginalisation en somme.

Est-ce normal ? Est-ce raisonnable aussi ? N'est-ce pas en effet dangereux de maintenir toute une classe d'âge (qui a gagné en maturité personnelle) à l'écart des responsabilités ? Erik Erikson mettait en garde contre le risque pour une société de tenir à distance sa jeunesse. « Si un jeune, disait-il, devait s'apercevoir que l'environnement tente de le dépouiller trop radicalement de toutes les formes d'expression qui lui permettent de développer et d'intégrer l'étape suivante, il pourrait résister avec la sauvage énergie rencontrée chez des animaux qui subitement sont contraints de défendre leur vie. Car, en effet, dans la jungle sociale de l'existence humaine, il n'est pas de sentiment d'être en vie sans un sentiment d'identité. » (*Adolescence et Crise*, 1972)

De cette situation, les adolescents pâtissent, souffrent, s'indignent quelquefois. Les mouvements de protestation des lycéens, les révoltes spontanées ou non des adolescents défavorisés des banlieues ont valeur d'avertissement. Tous ces « jeunes » revendiquent, chacun à leur manière, le droit d'être entendus, de participer à la vie de la Cité, d'être acteurs sociaux à part entière. L'« adolescent pluriel » attend une reconnaissance sociale : il la guette. Le temps s'éloigne où son seul souci était de se tenir à distance du monde adulte. Il n'ignore plus qu'il doit s'en rapprocher s'il veut exister comme les autres.

En des temps plus anciens, souvenons-nous, par divers groupements auto-constitués, tels que les abbayes de jeunesse, les jeunes étaient investis par la société de véritables « droits publics ». Les charivaris, cérémonies collectives, rituelles, leur permettaient d'exercer un contrôle sur certains contrevenants à la morale sociale, de stigmatiser par exemple les barbons ayant épousé quelque jeunette, et, bien sûr, d'être entre soi. Si les adolescents modernes sont si souvent « en bande », c'est pour se sentir dans une identité collective, se protéger les uns les autres, recréer une fusion protectrice.

Cette situation de marginalisation de la « jeunesse » n'est pas propre à l'Occident. Quel point commun y a-t-il, en effet, entre les jeunes Palestiniens, les jeunes Algériens, les jeunes Basques, les jeunes Japonais, les jeunes Français, sinon le sentiment d'absence sociale et l'amer constat que le monde de demain risque de se construire sans eux ?

L'adolescence, dit-on quelquefois, est une période de moratoire. Certainement, mais par défaut seulement. Défaut de responsabilités, de rôles sociaux. Cet âge est plutôt un temps voulu d'irresponsabilité sociale, de ségrégation. La « crise » dont on l'affuble apparaît ainsi comme l'une des conséquences de cette situation ; il n'y a pas, en effet, de tranquillité personnelle sans estime sociale et reconnaissance collective. Quand tout autour de soi n'est qu'incertitude, indétermination, fragilité, immoralité, comment grandir dans la sérénité et la sécurité ? Ainsi l'adolescence apparaît-elle autant comme une crise de l'appareil social que comme une crise de l'appareil psychique.

Alors, libres les adolescents ? Pas sûr. Livrés à eux-mêmes, traînant leur solitude et leur ennui en bandoulière. Par lâcheté ou égoïsme, ne les laissons-nous pas résoudre, seuls, leurs propres difficultés, ne leur offrons-nous pas des biens de consommation pour mieux nous soustraire à la communication avec eux ?

Le dilemme est aujourd'hui le suivant. Ou bien, continuer à considérer que l'adolescence, ici en question, est simple affaire de puberté et de maturité à venir – et tout statut social lui est et lui sera à jamais refusé, en vertu de la nécessaire dissociation de la puberté biologique et de la puberté sociale. Ou bien, au contraire, estimer que l'adolescent n'est pas seulement la personne pubère en devenir, mais un être en soi, doté de capacités et d'une intelligence propres – non pas inférieures à celles de l'adulte, mais différentes, et dans ce cas, il faut impérativement lui définir un statut de droits et de responsabilités (c'est-à-dire aussi, naturellement, de devoirs). Arrêtons de dire, en tout cas, que l'adolescence est « l'âge privilégié du XXe siècle » (Tony Anatrella), que nous sommes tous « ados », cela n'est pas vrai.

Nous aimerions terminer cet ouvrage en rappelant combien l'adolescence, si souvent stigmatisée, est féconde. « C'est le seul temps où l'on ait appris quelque chose », disait Proust.

”

ANNEXES

Pour aller plus loin

Les sources qui ont permis la rédaction de ce livre sont globalement de trois types : historique, psychologique et sociologique.

En **histoire**, nous renvoyons le lecteur à plusieurs travaux. D'abord au livre de Philippe Ariès, *L'Enfant et la vie familiale sous l'Ancien Régime* (Seuil, « Points Histoire », 1975). Ariès, l'un des premiers, nous rappelle en effet combien l'adolescence est une notion moderne qui n'avait pas lieu d'être dans une société où les enfants étaient rapidement versés dans le monde du travail. Ensuite, nous pouvons mentionner l'ouvrage de Maurice Crubellier, *L'Enfance et la jeunesse dans la société française, 1800-1950* (A. Colin, « U », 1979) et le livre tout récent et richement documenté d'Agnès Thiercé, *Histoire de l'adolescence 1850-1914* (Belin, 1999). N'oublions pas enfin les articles fondamentaux de Michelle Perrot, dont celui écrit avec Jean-Claude Schmitt et Arlette Farge : « Adolescences, un pluriel à l'étude des historiens » (*Adolescence*, n° 1, 1985) ainsi que celui intitulé : « Dans le Paris de la Belle Époque : les Apaches, premières bandes de jeunes », publié dans *Les Marginaux et les exclus de l'histoire* (Cahiers Jussieu 5, Bourgois, « 10/18 », 1978).

En **médecine, psychologie, psychanalyse** et **psychiatrie**, la littérature est abondante. Il n'est ici question que d'indiquer quelques pistes de lectures. Citons Alain Braconnier et Daniel Marcelli, *L'Adolescence aux mille visages* (Odile Jacob, 1998), du même Braconnier, *Le Guide de l'adolescent* (Odile Jacob, 1999), de Patrick Alvin et Daniel Marcelli, *Médecine de l'adolescent* (Masson, 2000), de Marie Choquet et Sylvie Ledoux, *Adolescents : enquête nationale. Analyses et prospective* (INSERM, 1994), de Françoise Dolto, *La Cause des adolescents* (Robert Laffont, 1988 ; Pocket, 1997) et *Paroles pour adolescents ou le complexe du homard* (Hatier, 1989). Et puis encore, de Michel Claes, *L'Expérience adolescente* (P. Mardaga éditeur, 1983). Tous ces ouvrages nous renseignent avec pertinence sur le phénomène pubertaire et les différentes formes de pathologie adolescente.

On consultera toujours avec profit les auteurs « anciens ». Outre Jean-Jacques Rousseau et son *Émile*, les psychologues français de l'entre-deux-guerres : Pierre Mendousse, *L'Âme de l'adolescent* (première édition en 1909) et *L'Âme de l'adolescente* (PUF, 1928), Maurice Debesse, *La Crise d'originalité juvénile* (PUF, 1937) et *L'Adolescence* (PUF, « Que sais-je ? », n°102, 2000), ouvrages très complets, très riches, toujours utiles. Parmi les auteurs étrangers, citons Erik Erikson, *Adolescence et crise, la quête de l'identité* (tr. fr. Flammarion, 1972), Hélène Deutsch, *Problèmes de l'adolescence* (Payot, 1974) et Gérard Lutte, *Libérer l'adolescence* (P. Mardaga éditeur, 1988).

En **sociologie**, la littérature française est rare, les sociologues ayant choisi, dans la tradition de Durkheim, de ne pas « se mêler » d'adolescence, question renvoyant de leur point de vue à une problématique purement « pubertaire ». Il faut néanmoins citer les études pionnières d'Edgar Morin, *L'Esprit du temps* (Grasset, 1962 ; LGF, 1983) et *Une commune en France, la métamorphose de Plozevet* (Fayard, 1967).

Citons les travaux plus actuels mais généraux de Michel Maffesoli, dont l'incontournable *Le Temps des tribus. Le Déclin de l'individu dans les sociétés post-modernes* (La Table Ronde, 2000), et ceux de David Le Breton *La Sociologie du corps* (PUF, « Que sais-je? », 2000) et *Passions du risque* (Métailié, 1991).

Citons encore, sur des thématiques particulières, Hugues Lagrange, sur la sexualité, dans *Les Jeunes, le sexe et l'amour* (Syros, 1999).

Dans la même collection

Santé & Médecine

Le Cancer, Jacques Rouëssé
La Mémoire, Jean Cambier
Les Bébés, Mylène Hubin-Gayte
Les Gauchers, Marie-Alice Du Pasquier-Grall
Vieillir, Christophe de Jaeger

Histoire & Civilisations

Napoléon, Thierry Lentz
Les Corses, Philippe Franchini
Les Francs-Maçons, Jean Moreau
L'Islam, Paul Balta
La Russie, Jean-Louis Buer
Les Juifs, Victor Kuperminc
L'Égypte pharaonique, Dimitri Laboury

Économie & Société

L'École, Vincent Troger
Les Fonctionnaires, Luc Rouban
Le Bac, Georges Solaux
La Graphologie, Denise de Castilla
La Prostitution, Malika Nor
La Télévision, Isabelle Gougenheim & Yves d'Hérouville
Les Banlieues, Véronique Le Goaziou & Charles Rojzman
Internet, Jacques Henno
L'Adoption, Fanny Cohen Herlem
La Mondialisation, Sylvain Allemand et Jean-Claude Ruano-Borbalan
Les Vacances, Jean-Didier Urbain (à paraître)
Le Sport, Michel Caillat (à paraître)
La Drogue, Bertrand Lebeau (à paraître)

Sciences & Techniques

Les Origines de l'homme, Pascal Picq (à paraître)
Le Nucléaire, Pierre Tanguy (à paraître)
Les Volcans, Jean-Louis Cheminée (à paraître)

Arts et Culture

Le Vin, Jean-François Gautier
La Comédie Française, Salomé Broussky
L'Art contemporain, Isabelle de Maison Rouge
La Culture américaine, Adrien Lherm (à paraître)

Responsable éditorial : Sophie Behr, assistée d'Agathe Lebelle.
Remerciements de l'Éditeur à Maryse Claisse, Virginie Frémont, Sophie Huttepain, Hélène Latreille, Claire Lecourt.
Imprimé en France sur les presses de l'imprimerie Aubin à Ligugé.
N° d'impression : L 63087
Diffusion : Harmonia Mundi.

ISBN 2-84670-028-1 / Dépôt légal : mars 2002.